伝説の算数教科書

『尋常小学算術』で

深い学びの授業づくり

[編著] 鈴木 純　学習院初等科　[著] 未来につなぐ算数研究会

はじめに

　2018年8月5日，この日は日本数学教育学会の記念すべき第100回大会（東京）の最終日でした。当時，柳瀬修先生を中心に行われていた東京都緑表紙研究会に所属していた私は，同研究会所属の中野洋二郎先生と橋本由美子先生の発表を前日に伺い，自身の発表も無事に終わり，研究が深まった高揚感とともに東京都緑表紙研究会がここで一旦閉会するとのことに寂しさを感じていました。そんな気持ちを抱えながら，学会の打ち上げを親しい先生方と行っていたところ，吉田映子先生が「純さん，何かおもしろいことをやってよ！」と声を掛けてくださいました。突然のことで驚きながらも「緑表紙を含む過去の教科書や算術書から今の算数教材にないよさを見つけて，現代の算数授業に活かすような，現場の先生のための研究会をしませんか」と答えたのでした。こうして「未来につなぐ算数研究会」は始まりました。

　大宝律令が制定された頃すでに存在した算道から，塵劫記などの和算，黒表紙・緑表紙・水色表紙といった明治以降の国定教科書，戦後の指導要領の変遷を経て今日に至るまで，算数教育を体現してきたそれぞれの時代の教科書の題材を研究し，その中にある可能性を現代の算数に活かそう，というのが研究会の目的です。そこで，最初に研究対象としたのが，緑表紙でした。緑表紙は，子どもの目線に立った現代の算数につながる教科書の始祖であり，数学的な見方・考え方の源流ともいえるものがふんだんに取り入れられています。当時は「希望の教科書」と呼ばれ，戦後は「伝説の教科書」と呼ばれていた教科書を今一度，教育実践者の目で研究して，子どもたちの指導に活かそうというわけです。この緑表紙の復刻版が出たときも大きな反響がありましたが，一部の教師しか研究や実践をしていませんでした。昭和初期に初めて世に出たときと同様に，学校現場ですぐに取り入れるには内容が難しく，また教師用書は現存するものを手に入れにくく復刻もされなかったため，問題の意図を読み取れなかったことが大きな要因の1つだろうと考えられます。

　本研究会では月1回の会合の中で，現代の算数教育を踏まえて，緑表紙の児童用書と教師用書について深い研究を2年以上重ね，研究内容を日数教の夏季大会で発表しています。本書は，研究会に所属する教師が，熱い思いとともに研究の成果を執筆したものです。この本を手に取ってくださった先生方の，子どもたちへの指導の一助となりましたら幸いです。

　2021年夏

未来につなぐ算数研究会

会長　鈴木　純（学習院初等科）

各章の扉には，緑表紙に登場する子どもたちの遊びの様子の挿絵を載せました。昭和初期の子どもたちの生き生きとした様子が描かれています。今も昔も子どもたちにとって生活の大部分を占めているのは遊びです。この本を手に取っていただいた皆さんも，小さかった頃を思い出して，子どもの目線や子どもの楽しみに寄り添っていただければ幸いです。子どもたちと，生活から始まる算数をするなら遊びは重要な要素なのです。この挿絵を見せて，子どもたちと「遊び」について語らうのも楽しい学校生活の時間となるでしょう。（鈴木　純）

第 **1** 章

────── 伝説の教科書『緑表紙』とは ──────

伝説の教科書『緑表紙』とは

鈴木　純

　「伝説の教科書」「緑表紙」はたまた「尋常小学算術」と言われても一体何のことかわからない読者も多いことだろう。また，名前は聞いたことはあるけれど詳しくは知らないという方もいるだろう。『尋常小学算術』とは，昭和10（1935）年から昭和15（1940）年にかけて学年進行で使われていた国定教科書である。表紙が緑色だったために，通称で『緑表紙』（以下，緑表紙とする）と呼ばれている。それでは，なぜ「伝説の教科書」と呼ばれているのだろうか。それは，6年間という短命で終わったことと，その内容のすばらしさに起因すると考えられる。具体的に『緑表紙』とはどのような教科書だったのかを述べていこう。

◯ 『緑表紙』誕生まで（黒表紙の時代）

　江戸時代の日本では，子どもたちは寺子屋などを中心に「読み・書き・そろばん」といった生活に必要な最低限の知識や技能を教わっていた。一方で，関孝和が，行列式や終結式を発見するなど和算は独自の発展を遂げていた。また，吉田光由が寛永4（1627）年に発行した『塵劫記』は，そろばんのマニュアル的な内容に加えて，実用的な問題や遊戯的な問題の記載もあり，何度も改版を重ね，数学（和算）の大衆化に大きく貢献することとなった。当時の和算は，分野によってはヨーロッパの数学に先んじているものがあるほど発展したものであった。

　明治に入り，明治5（1872）年に学制が交付されると，同年に教科書の自由発行・自由採択制度が制定され，その後，明治19（1886）年に検定制度が始まった。しかし，教科書の国定化への動きがある中で，明治35（1902）年に小学校教科書採択に関する疑獄事件が起こり，これが大きなきっかけとなり，明治36（1903）年に小学校の教科書が国定となった。

　このような状況の中で，小学校の算術における最初の国定教科書は，明治37（1904）年に発行された『尋常小学算術書』と翌年に発行された『高等小学算術書』である。当時の義務教育は4年間であり『尋常小学算術書』は，教師用書のみで児童用書は編纂されなかった。『尋常小学算術書』は表紙が黒色だったことから通称『黒表紙』（以下，黒表紙とする）と呼ばれている。黒表紙は明治37（1904）年から昭和10（1935）年までの長い期間使われることとなった。黒表紙は，その歴史の中で，3回の修正がなされている。明治40（1907）年の小学校令改正により，尋常小学校の義務教育期間が6年間になると，児童用の第3学年と第4学年が編纂されることとなった。黒表紙編纂趣旨には，藤沢利喜太郎と菊池大麓の影響が強く「日常生

『尋常小学算術書』（大正15年）

活に必要な数学の知識と技術を授けること，数学の体系に基づいて理解させること，思考を緻密にすること」を重視していた。授業としても，一斉授業による記憶と模倣による日常計算の習熟，知識注入，鍛錬主義の指導がなされていた。

この黒表紙に対する問題点の指摘や批判が，大正7（1918）年ごろから始まる。計算練習と知識暗記が中心であり，計算問題の延長上にある応用問題は，子どもたちの生活と乖離しているといった指摘である。例えば，第４学年の乗法を例に見てみると，極端に桁数の多い計算があったり，（12）の応用問題では，現実的ではない設定がされたりしている。このような問題は明治13（1880）年に出版された尾関正求による『数学三千題』の影響が残っているといえる。また，児童中心主義の算術を推し進める動きも出てきており，生活算術につながっていった。

また，形式陶冶の考えに基づいた算術書の在り方に対して，数学分野の知識や内容を重視する実質陶冶の考えが登場してきた。そのほかにも，生活指導の算術，郷土算術，作問中心主義の算術，労作教育，合科的指導，幾何や空間概念，グラフ教授，関数概念を重視する算術など様々な算術に対する考えが登場した。

このような多様な考え方が出てきた背景に，大正デモクラシーによって欧米の教育への関心が高まったことが考えられる。20世紀初頭には欧米では，ルソーの自由主義教育，エレン・ケイやデューイの児童中心主義の教育に後押しされる形で数学教育改造運動が活発となっていった。具体的には，1901年にグラスゴーで行われた英国学術総会においてペリーは数学教育の改良を講演で主張し，1905年にメランで行われた自然科学研究会においてクラインが関数概念を基礎概念として重視した。数学教育改造運動における考えの一例を挙げると次のようなものがあった。

J.ペリー〔イギリス〕（1901）
　ユークリッド幾何からの脱却と実験幾何の重視
　方眼紙の使用
　算術・代数・幾何・三角法の連絡融合
　数学と理科の融合
　立体幾何の重視と関数の指導，微積分の早期導入
F.クライン〔ドイツ〕（1905）
　身の回りの諸現象を数学的に考察する能力を発達させること
　関数概念を数学各分野の融合の中心とすること
　算術教育と日常生活の関係を深めること
E.H.ムーア〔アメリカ〕（1902）
　算術・代数・幾何はもちろん物理をも一つに融合して，生活に重要なものとすること
　指導はできる限り実際的なものを選び，実用を重んじること

　このような数学教育改造運動の波は，日本にも大きな影響を与えることとなった。実際に数学教育改造運動が日本に波及したのは，1912年にケンブリッジで開催された第5回国際数学者会議における藤沢利喜太郎の日本の数学教育についての報告がされた前後であろうと，松宮（2007，p.60）により指摘されている。しかし，欧米ではそもそも数学教育改造運動は中等教育が主眼にあったが，わが国では教育が国家統制されていたことに加えて，中等教育は入試準備教育の意味合いが強かったため，浸透しなかった。むしろ，小学校教育に大きな影響を与え，大正7（1918）年に東京で行われた全国数学科教員協議会では，改造運動の精神を中心題目として議論がなされて，関数概念の尊重やグラフ教授，実験実測の導入の重要さが認められた。また，ドイツを中心とする労作教育が紹介され，日本の初等教育に大きな影響を与え，生活算術が唱えられるようになった。このような考えは，黒表紙の修正時には幾らかの影響を及ぼしている。佐藤（2005，p.38）は，黒表紙の第2期について「『子供の汽車賃は大人$\frac{1}{2}$なり。大人が1円20銭の汽車賃を払う所ならば，子供は何程払うべきか』といった問題が見られる。（中略）子どもの主体的判断を求めている点で重要である。」として，児童の主体的な問題解決と生活場面の重視も考慮されていた部分もあることを指摘している。しかし，これらの批判や提言は，黒表紙の第4次修正には大きな影響を与えず，抜本的な改革としての新たな教科書『尋常小学算術』すなわち『緑表紙』の誕生につながっていった。

　また，奥（1994，p.52）によると，昭和7（1932）年に行われた文部省諮問案に対する会合の中で，緑表紙の編集委員となる柿崎兵部は「〔算術科なる学科名の変更の必要ありや〕に対して従来の算術は，すなわち計算の術であり，計算以外のことがあっても，それは，付帯的なものに過ぎなかった。将来は，図形・グラフ及び数量に関する知識などを内容としなければならないので，学科名は変更して，その内容にふさわしい"数学"とした方がよい。」と述べており，新たな算術教育が求められていることがわかる。

○『緑表紙』の特徴

① 編纂の精神と数理思想

　緑表紙における算術教育の目標は，教師用書の凡例2によると「尋常小学算術は，児童の数理思想を開発し，日常生活を数理的に正しくするように指導することに主意を置いて編纂してある。」とある。松宮（2007，pp.47-48）によると，緑表紙の編纂の中心にいた塩野直道は，日本算術教育連盟の総会において，数理思想について「算術教育の目的というものが数理を愛好し，これを追求する感情を盛んならしめ，そうして自然現象，社会現象，精神現象，その他各現象の中に数理を見出し，これを解決し，進んでは数理的に正しく生活せんとする精神的態度を

塩野直道　『随流導流』（1982）より引用

養うことが第一ヶ条であると思います。これを数理思想と名付けている。」と述べている。奥（1989，p.60）は，塩野の数理は，客観的に実在する規則であり，既知の物理的原理・法則という物理学的自然観を根底においているとしている。緑表紙の編纂に加わった高木（1980，p.136）は「2＋3＝5であること，2＋3＝3＋2であること，長方形の面積を表す数は，縦を表す

数と横を表す数との積に等しいこと，円は直径によって2等分されること，回転体を軸に垂直な平面で切った切り口は円であること等々これらの事項は，いずれも小学校の算術教育で取り扱われる数理に外ならない。」としており，緑表紙には数理の空間概念が加えられ，計算中心の算術を越えていることを示唆している。実際にはそのほかにも関数概念，代数も加わっている。塩野は，小学校の算術にも数理があるという立場に立ち，藤沢利喜太郎による緑表紙の「普通の算術中に理論なし」に相対する考えをもっていたことになる。塩野のこのような考えは，数学を科学ととらえて，数学教育の目的を科学的精神の開発と考えた小倉金之助に影響を受けている。また，黒表紙の「訓練する」「注入する」といった考えに対して，高木（1980，p.135）は「開発する　指導する　というような表現で，自発的な児童の活動を助長する行き方を暗示している。」と述べている。また，行き過ぎた生活算術に対する警鐘として塩野は「これだけ（数量生活の指導）では，ややもすると日常身近な生活に捉われ，教育の低調となることをおそれた。たとえ小学校の児童であっても，将来数学その他の科学に向かう者もあり，高い精神の芽を育てることを忘れてはならないと考えたのである。」（高木）と述べている。

緑表紙の大きな改革点として注目すべき2点を次のようにまとめる。

注目すべき改革点

・計算中心の算術から，関数概念，空間概念，代数を加えて数学の内容を拡充させようとした。

・児童が主体的に日常事象（生活，自然科学）から数理を見出そうとする指導内容への変革を求めた。

計算中心の算術から，現代の数学的な見方・考え方につながる数理思想を掲げ，日常事象や身近な場面の問題の数学化と，身につけた知識や技能，考え方や表現方法を日常場面や新たな数学的事象で活用できるように考えられている。

②　緑表紙の問題

緑表紙に掲載された問題は，黒表紙時代と大きく異なっている。まずは，文章問題について触れる。黒表紙時代は，計算問題とその四則計算の応用としての応用問題で構成されていたが，計算ができても，文章を理解して数の関係を認識しないという問題点があった。また，現実と乖離した場面も先に述べたように問題であった。緑表紙の編纂者の1人である安東寿郎は「子供の数理思想の発動すべき実際の様子を見ると周囲の直観的の事象に触れて始めて現れてきている。」（高木，1980）としている。大正時代の終わりには，このような応用問題の反省点から，黒表紙では事実問題（事物問題）が低学年を中心に取り入れられた。しかし，事実問題だけでは，高い数理思想につなげることはできないと塩野は考えていた。

『尋常小学算術』教師用書　凡例1-6年

凡　例

1. 尋常小学算術は，尋常小学校算術科の教科書として編纂したもので，教師用と児童用とに分ち，教師用書は児童用書と対照して教授するやうに仕組んである。

2. 尋常小学算術は，児童の数理思想を開発し，日常生活を数理的に正しくするやうに指導することに主意を置いて編纂してある。

3. 尋常小学算術に掲げた教材は，数・量・形に関する事項の基礎的なもので，日常生活によく現れ，しかも，児童の心理・技能に適應するものを選び，これを，大體数理の系統に従つて排列し，角，児童の心意の發達に應するやうに按排した。かうして，専ら學習に興味をもたしめ，進んで心身を働かしめ，最も自然に，且確實にこれを修得せしめんことを期してゐる。しかし，生活は，地方によつてその情況を異にし，心理・技能は，児童によつてその發達程度を異にしてゐる。これ等の事情に鑑み，教師は，本教科書の教材について，通宜取捨し，補充し，場合によつては排列を適當に變更して，一層児童の實際に適應するものたらしめるやうに努めねばならぬ。

構想問題　『尋常小学算術』第二学年下p.36，第三学年p.48

（7）ゴ石　ニ十四　ヲ，マロカクナ　ワクニ　並ベテ　ゴラン　ナサイ，一レツ　ニイクツ　並ビマス　カ。

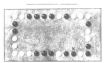

ゴ石　ヲ　ツノ　ヤウ　ニ　並ベ　ナサイ。サウシテ，メ　ノ　シルシ　ノ　石　カラ　左　ニ　カゾヘテ，十一バン目　ノ　石　ヲ　取リ　ナサイ。ソノ　次　ノ　石　カラ　オナ　ジ　カ　ニ　カゾヘテ，マタ　十一バン目　ノ　石　ヲ　取リ　ナサイ，コレヲ　ツヅケテ　ゴラン　ナサイ。

〔犬・サル・キジ〕

犬・サル・キジノ三匹ガセマイ一本道ヲナランデ歩イテキマス。カハリバンニ，先ニナツクリ，マン中ニナツタリ，後ニナツタリシテ行キマス。ナラビ方ハイク通リアルデセウ。

犬・サル・キジノ三匹ガ歩イテ行クト，四ツ角ヘ出マシタ。三匹ハツコデワカレテ，別々ノ道ヲトフテ進ムコトニナリマシタ。道ノトリ方ハ，幾通リアルデセウ。

そこで塩野は構想問題を取り入れることとした。構想問題について塩野（1964，p.11）は「（応用問題，事実問題）を取り入れるとともに，価値の高い数理的思考を要する問題をも，これを'構想問題'という題名のもとに教科書に掲げた。」としている。高木（1980，p.144）は「仮想のものであっても，それが数理思想の開発に役立つ内容であり，児童が興味をもつものであれば教材として採用することにした。」としている。また，奥（1984，p.6）は「それまでの生活算術の中で扱われた問題をもっては，塩野の数学教育論は実現するはずもなかったのである。ここに，それまでの事実問題と異なった内容すなわち問題が掲げられることになった。」と構想問題の意義を述べている。したがって，構想問題は，高度な数学的な考え方を用いるものととらえることができるだろう。また，おとぎ話のように擬人化された生き物が文章問題に登場すること（「仮想問題」とも呼ばれる）も，黒表紙ではありえなかったことである。緑表紙では次のような教材が取り入れられており，数学的な内容が豊富になっていることがわかる。

緑表紙に掲載された問題
従来の四則計算　量に関するもの　関数に関するもの　図形・空間に関するもの　数量関係（事実，構想）
集合の概念　無限・極限の概念　順列・組み合わせ・確率　度数分布と表や図（ヒストグラム）
判断を要する問題　算法発見　数量関係発見　調査研究　作問
高木（1973，pp.17-20）を参考に作成

③　初めて発行された低学年の児童用書（1年上巻に見る動的欲求と主体的・対話的で深い学び）

緑表紙の特徴を色濃く表している1つが，1年上巻である。黒表紙までは，低学年（1，2年）の児童用書は作成されておらず，緑表紙で初めて編纂された。特に注目したいのは，1年上巻である。まったく文字がなく絵だけで構成されている。緑表紙の特徴が顕著に表れている部分といってよいだろう。緑表紙は，文字と数の記載の割合が高い黒表紙と比較したときに，動的な印象を与える。松宮（2007，

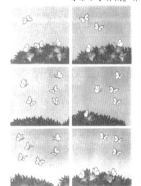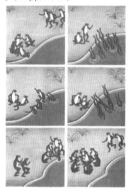

『尋常小学算術』第一学年上pp.14-15

p.73）は緑表紙の低学年発行の意義について「黒表紙のとき発行しなかった第一・二学年の児童用を発行したのは，児童に算術に興味をもたせ，自学自習をさせるため，家庭に教育内容を知らせるためであった。」と述べている。つまり，絵が，児童の主体的な学習意欲を誘うといえるのである。緑表紙は，動画などがほとんど存在しない昭和初期を考えると，当時の児童にとって動きの見える魅力的な教科書（動的な教科書）といって間違いないだろう。緑表紙の絵がもつ強さに加えて，紙芝居や漫画のように連続して記載されることで，親しみやすく，ストーリーが読みやすくなっている。

さらに，児童の主体的学習意欲を高めるもう1つの要素があると考える。それは，動的な魅力のある絵に加え，それとは異なる静的な特質をもった絵も随所に用いることによって，児童に「次はどうなるのだろう！」「解決したい！」といった欲求を刺激することである。児童の主体的な態度は，学びに向かう力であると同時に「みんなと考えたい」「友だちの意見を聞きたい」といった協働的な発想にもつながるものであると考える。

1年上巻の絵そのものに注目すると，緑表紙の絵は非常に静的なものが多いといえるのではないだろうか。例えば，1年上巻を開いた最初のページは球入れの様子である。三段構成で仕上げられているこのページは，上段では子どもたちが球入れをしている様子，中段では籠から球が出ている様子，下段では紅白の球が並んでいる様子が描かれている。上段から下段に進むにしたがって，絵が動的から静的に変化している。上段では，球を入れている子どもの動きのある場面だったのが，中段になると子どもは消えて，籠からこぼれ出た球の様子だけに変わり，下段に至っては

> 緑表紙の絵が児童に与える効果
> ・親しみやすさとわかりやすさ
> ・児童の思考に動的欲求を芽生えさせる

『尋常小学算術』第一学年上pp.3-4

静物画のように並んだ10個の紅白の球になる。中段，下段と進むにしたがって，児童は「次はどうなるのだろう」「球の数を調べたい」といった欲求にかき立てられるのではないだろうか。

　絵が静的なものになるにしたがって児童の思考は動的・主体的に変化していくと考える。松宮（2007，pp.73-74）によると，緑表紙の挿絵を手掛けた多田北烏は『尋一算術書の絵を語る』（1935）において，このページの三段構成の絵を「一見別個の表現のようだが，その背後に数理思想の発達という点から見て重要な連絡を必要とする資料である。」と指摘している。そして，球入れ競技の球を数えることにより決まる数観念の初歩的な発展過程は，生活を数理的に処理する活動の例であり，絵が解決方法を導く目的をもっていると述べている。第一学年教師用書では，この問題の目的を「物の数の多少を直観的に判断させ，進んで，数を知ることの必要を認めさせて，数え方を教え，併せて物の多さに注意を払わせる。」としている。「進んで，数を知ることの必要を認めさせて」ということは，児童自らが課題を発見していくことを求めており，主体的な学びと態度につながると考えられる。指導書では，児童に実際に球入れや類似の活動をさせることを勧めている。松宮（2007，p.69）によると，当時，大阪府天王寺師範学校附属小学校で上田友次郎訓導が実演して，子どもたちがおもしろがって参加した記録が残っている。

　また，教師用書では「数が事物の種類の如何に関しないことが次第に明瞭になり，抽象的な数の概念を次第に得て来ることになる。」と指摘している。

構成	絵の変化	指導書における各絵の目的	児童の思考変化の予想	
上段（球入れ）	動的（具体）↓静的（抽象）	球入れの遊戯を想像させる	球入れの様子を見る	静的（生活事象）↓動的（数学的思考）
中断（籠と球）		紅白の各組の球の数の多少を判断させる	どちらが多いのだろう	
下段（10個の球）		二群の多少の判断が正しいか否かを実証した状況に誘い，どうしたらよいかを考えさせる	どうやって比べよう	

現実のもの（ここでは球）が，問題解決をする過程で抽象的なものに変化するという数学的な思考方法を求めている。動的な絵が，静的な絵に変化することは，具体から抽象への変化ともいえよう。この三段階の絵を媒介することによって，児童は主体的な意識のうちに課題発見と問題解決への思考をもつようになる。

○緑表紙のその後

　緑表紙は，昭和11（1936）年に藤原松三郎，国枝元治，下村市郎，田中正夫らが出席した国際数学者会議（オスロにて開催）で高い評価を受け，国内でも教師だけではなく保護者や一般の人にも喝采を受けた。しかし，一般的な教室における学力の中位の上あたりの子どもたちを対象に編纂された緑表紙の内容は，子どもたちにとって難しく，黒表紙での今でいう「教えこみ」の指導に慣れていた教師にとっては扱いづらい教科書でもあった。このような不評が生じたことに加えて，戦時色が色濃くなった社会状況の中で，昭和16（1941）年に小学校が国民学校に移行したことに伴って「算術」は「算数」になった。この際に作成された新しい教科書『カズノホン』『初等科算数』が，緑表紙に取って代わった。『カズノホン』『初等科算数』は表紙が水色だったことから通称『水色表紙』（以下，水色表紙とする）と呼ばれている。水色表紙は，基本的に緑表紙の精神を継いでいるが，軍国的な内容を含むものが多くなり，実用的な技術や知識に重点が置かれ，資源の問題から省略された部分もあった。一方で，緑表紙を学習した子どもたちが中等学校で使うのに対応した教科書がないことから『数学　第一類・第二類』（中等学校教科書株式会社，1943・1944）の編纂が始まる。同時期に数学教育再構成運動が盛んになり，塩野の考えた数理思想に対して批判や修正の考えを持った島田茂や和田義信，さらなる発展を考えた前田隆一らが登場した。そのような背景の中で，前田隆一を中心に，より数学的な内容（図形指導）や物理的内容を加えて『カズノホン』『初等科算数』は編纂されて誕生することになる。図形的な視点や物理的な視点で，この水色表紙を中島健三や蒔苗直道は再評価している。

　ここまで，駆け足で緑表紙誕生前後の歴史を述べてきたが，緑表紙が，戦中，戦後，そして現代に至るまでの算数教育に与えた影響は大きい。数学的な見方・考え方や，日常事象からの数学化，日々の生活での活用といった現代の算数教育において重要視されているものの源流が『緑表紙』には存在する。温故知新，私たちはここから学び，今の算数教育をよりよいものにしていこうとするものである。

左：『カズノホン』一（昭和16年）
右：『初等科算数』一（昭和17年）
※いずれも復刻版（ほるぷ出版，1982）

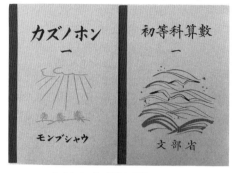

かくれんぼの挿絵が削除される
左：『尋常小学算術』第一学年下p.67
右：『カズノホン』二p.47

（5）子ドモガ 十二人 デ，カクレンバウ ヲ シテ キマス，イサムサン ガ オニ デス，イサムサン ハ，イマ五人 見ツケタ トコロ デス，マダ ナン人 カクレテ キマス カ，

（1）ハ人デ　カクレンボヲ　シテキマス．オニハ　勇サン　デス．今五人　見ツケタ　トコロ　デス．マダ　ナン人　カクレテ キル　デセウ．

（2）花子サンガ　ブランコニノツテ　キマス．ニイペン　コイダラ，ハルエサント　カハリマス．今　十セペンメデス，アト　ナンペン　コゲマスカ．

『カズノホン』一p.12
やじろべえの釣り合いの問題

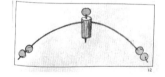

『初等科算数』一p.36　図形の問題

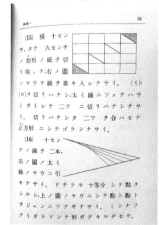

第 2 章

―― 緑表紙からみた算数授業の深め方 ――

日常事象と『緑表紙』

鈴木　純

　計算技能中心であった明治以降の算術教育の改革として登場したのが緑表紙である。現代でいうところの数学的な見方・考え方や子どもの発達段階と日常性を重視したことは大きな特徴の1つといってよいだろう。現代においても算数と中学校以降の数学を比較してみると，算数では日常性を重視しているといえる。具体的に例を述べると，算数の解答には「個」「人」「冊」といった助数詞がつくことが多い。一方で，中学校以降は抽象化されたものが題材となることが増えて「$x=$」「$y=$」といった解答が一般的になっていく。このような現代の算数を特徴づける日常性の礎をつくったのが緑表紙と考えてよいであろう。

　数理思想について塩野（1934）は「算術教育の目的というものが数理を愛好し，これを追求するの感情を盛んならしめ，そうして自然現象，社会現象，精神現象，その他各現象の中に数理を見出し，これを解決し，進んでは数理的に正しく生活せんとする精神的態度を養うことが第一ヶ条であると思います。これを数理思想と名付けている。」として，日常事象における現象を示している。一方で，子どもの身近な生活事例を題材にするだけでは，高度な数学的な考えにつながらないという指摘もある。当時の生活算術に対して，緑表紙の編纂者の一人である高木（1980, p.12）は「"生活算術"が高唱され，"教育は児童から"という思潮が強かったため，ややもすると日常卑近な生活に捉えられ，算術教育の低調となることをおそれた。現実の生活に処する途を得させるとともに，それを乗り越える能力を啓発し，人間の高い精神の芽を育てることが大切であると考えていた。」と述べている。緑表紙は，日常事象から始まり，高度な数理思想（現代の数学的な見方・考え方につながるもの）の獲得までを目標としている。また，高木は「必要とか興味，あるいはこの両方を児童に感じさせて，自発的に学習にとり組んでいくことを原則とし，しっかり身につけさせることを狙った」と緑表紙の学習指導方法論の原則を述べており，子どもの主体性を重視することを示唆している。

　さて，ここで日常事象について現代的な視点も加えて再整理した。小学校，特に低学年においては，物語などを読む機会が多く，空想事象も立派な日常事象と考えられる。また，学年が上がるにつれて増える既習事項は，日常事象とはいえないが，活用される題材として存在する。注意すべき点は，日常事象だからといって，子どもにとって身近であったり興味を感じたりするものとは限らないことである。例えば緑表紙は，物理に造詣が深い塩野の影響が表れているが，問題を活用する際には，子どもにとって題材がどのような位置づけなのかを検討する必要がある。

現代における日常事象の分類例
自然現象（天文・物理など）
※理科的内容
社会現象（国内・世界など）
※社会科的内容
日常事象 経済現象
生活現象 あそび／学校生活／家庭生活
空想事象（絵本，漫画，アニメなど）
※国語科的内容を含む
既習事項
※どの要素もその内容が子どもにとって，興味があるものか，関心のあるものかを検討する必要がある。

実際に，緑表紙の題材から，数学的な内容に引き上げるために筆者が行った実践を紹介する。これは，緑表紙の5年下にある，石を池に投げ入れたときの波紋の円周の関係から，比例を考える題材を基にしている。緑表紙では，今までなかった関数的な考え方も重視しているという特徴がある。水に石を投げ入れる現象は「水切り」という遊びで現代の子どもたちも知っている。実践では，この現象を取り上げて，既習の円周の求め方「円周＝直径×円周率」を比例（関数）の見方に変える学習を行った。原題では，数値が一切示されていない。このことを実践でも採用した。なぜなら，数学を用いて実際問題を解決するときに，数値が与えられていることは少なく，実測が不可欠だからである。また，任意の数値を子どもが仮定することで，いくつもの例から導き出されるきまりは帰納的に信頼性があることになる。実際に子どもたちは，実験により波紋の大きさを実測したり，数値を仮定して考察したりすることで直径と円周の関係が比例であることに気づき，比例として見たときには「円周(y)＝円周率（定数a）×直径(x)」となることに気づいた。波紋の直径と円周という題材は，そこに物理的な動きがあり，2量の変化の関係を表す比例を学習する上で適切な題材である。そして，身近な自然現象である。既習の円周の求め方を，日常事象を媒介に関数の見方に変えることができるということである。

このように，緑表紙では，日常事象を子どもに身近だからという理由だけで取り上げるのではなく，数学的な内容や見方・考え方まで引き上げていくという点においても価値があると考えているので題材として取り入れているのである。

空想の問題　1年下p.13

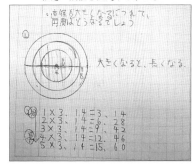
波紋の直径と円周　5年下p.35

任意の数値を仮定する子ども

子どもたちの考え

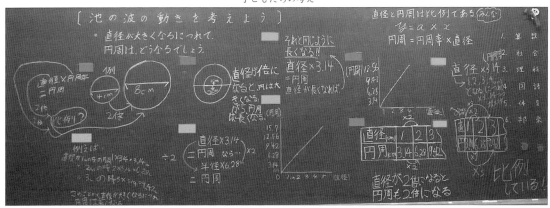

15

ハンズオン・マスと『緑表紙』

吉田　映子

　ハンズオン・マスのハンズオンとは「体験的な」, マスは「算数」。つまり「体験的算数活動」を意味している。緑表紙には, それ以前の日本の教科書にはあまりみられなかった「作ってみる」「実際に調べる」「やってみて考える」など, 体験を伴った思考活動が随所に取り上げられている。そこにはたくさんのハンズオン・マスのヒントが見出せる。

　右の問題は普通のわり算の包含除の問題だが, この問題をきっかけに封筒を使い, それがどんな形の紙でできているかを調べてみよう, と続けている。この頃は, 広告の裏紙などを用いて封筒を作って再利用していたため, このような問題も日常と密接なのであろう。教師用書には「角封筒の方は, ひし形から出来ていて面白いから, この方も調べさせるがよい。別にこれといって, まとまった知識を得させることは出来ないが, 物を形の方から観るということの習慣をつけると共に, 将来, かようなものを作る場合の準備となる点に意味がある。」と書かれている。「まとまった知識を得させることは出来ない」

2年上　p.70（6）

（6）オトウサン ガ,「一タバ 六センノ フウトウ ヲ 買ッテ オイデ。」ト イッテ, 二十四セン オ出シ ニ ナリマシタ。フウトウ ガ イクタバ 買ヘル デセウ。フウトウ ハ, ドンナ カタチ ヲ シタ 紙 デ 出來テ キル カ シラベマセウ。

封筒

ことを載せていることにも感動するが, この「物を形の方から観ることの習慣をつける」という活動を取り入れていることがすてきだ。昨今は封筒もさまざまな形や大きさがあり, 作ることも少ない。今の生活の中で取り入れられるものは何だろう。

トイレットペーパー

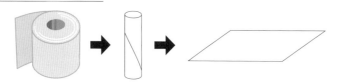

　トイレットペーパーの芯は筒状だが, つなぎ目は斜めになっていて, 開くと平行四辺形になる。

テトラパック

　かつては牛乳パックに多かったが, 最近ではお菓子の個包装によく使われている。

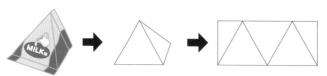

　中のお菓子が壊れないように空気が充填されていて, 開くと長方形になる。

　四面体と考えると右の, 図1や図2のような展開図を思い浮かべるが, 実際は長方形であり, この方が製品を作るときも無駄がないのだろう。

図1　　図2

　子どもと調べたところ, テトラパックの形は, 図3のように長方形を細長い筒にしてから等間隔に90度ずつ位置を変えてつぶしていくことで作ることができ, 作り方や接続の仕方も効率的だとわかった。さらに牛乳パックの容器は六角形の箱に詰めることができ, その六角形の箱

自体を積み重ねたり，床に敷きつめたりすることができるので，当時はとても便利な形だったのだろう。

図3

緑表紙のすべての表紙になっている図形が，6年の最後の問題として取り上げられている（右図）。

6年下　p.77（17）

極限の考え方を子どもに気づかせていく課題となっているのだが，右下の図4だけを提示し「この三角形の組み合わさった形の面積，求められる？」と聞いてみた。子どもは図形の辺の長さが指定されていない求積問題にどうアプローチしていくのか，考えるきっかけをどこに見出すのだろうか，と思ったからである。これまで円の複合図形の面積などを求めるとき，難しいと思ったら実際の大きさの図をかいてみると図の構造が見えてくる，答えを見積もることができる，ということを経験していた。だから「かいてみよう」と言うかと思ったら「折り紙で作ってみよう」と言い出した。二等辺三角形が組み合わされていて，しかもどうも $\frac{1}{2}$ ずつになっているようだと見通しをもち，かくより作るほうが早いと判断したのである。

図4

正方形の半分の直角二等辺三角形を，1本の足のような部分の1つ目とすると，その半分，その半分……と規則的に貼っていけばできることがわかり，三角形が切り取れる限りずっと続いていくことを見つけた。さらに，この1本の足を4つ組み合わせると，ほぼ（真ん中に小さな穴の開いた）正方形になる（4つの足で正方形が敷き詰められる）という大発見があり，クラス全員で感動を共有した。このことから「もしこの（図5）正方形の面積が1だとしたら，問題の形の面積は『$\frac{3}{4}$ のちょっと少ない』です」という結論に至った。

図5

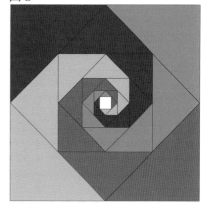

緑表紙はそれまでの教育から「子どもが考える」ことを重視したものに転換していく画期的な教科書だが，それは「考えることを学ばせる」段階ともいえる。昨今の「主体的・対話的で深い学び」を実現する授業づくりを考えるとき，質の高い問題であっても図と問いを与えて考えさせるだけでなく，ハンズオン・マスを取り入れ，子ども自らが活動し，考え，発見していく授業になるように，発問や提示の仕方などを工夫していきたい。

最後に，言葉は稚拙だが子どもが「極限」の姿を見出し，表現していくことのできたこの問題には，教師用書の終わりに「『小学算術』もかくして極限に達したのである。」という著作者の感無量の気持ちが書かれているので紹介しておきたい。

数学的な見方・考え方と『緑表紙』

高木　清

　1935年（昭和10年）から使用された国定教科書の緑表紙と，2020年（令和2年）全面実施の小学校学習指導要領解説算数編を見比べてみた。

緑表紙における小学算術の目的（教師用書 凡例）

2．尋常小学算術は，児童の数理思想を開発し，日常生活を数理的に正しくするように指導することに主意を置いて編纂してある。

3．尋常小学算術に掲げた教材は，数・量・形に関する事項の基礎的なもので，日常生活によく現れ，しかも，児童の心理・技能に適応するものを選び（中略）そうして，専ら学習に興味をもたしめ，進んで心身を働かしめ，最も自然に，かつ確実にこれを修得せしめんことを期している。（中略）教師は，本教科書の教材について，適宜取捨し，補充し，場合によっては排列を適当に変更して，一層児童の実際に適応するものたらしめるように努めねばならぬ。

小学校学習指導要領（平成29年告示）解説算数編における算数科の目標

　数学的な見方・考え方を働かせ，数学的活動を通して，数学的に考える資質・能力を育成する。

（1）数量や図形などについての基礎的・基本的な概念や性質などを理解するとともに，日常の事象を数理的に処理する技能を身に付けるようにする。

（2）日常の事象を数理的に捉え見通しをもち筋道を立てて考察する力，基礎的・基本的な数量や図形の性質などを見いだし統合的・発展的に考察する力，数学的な表現を用いて事象を簡潔・明瞭・的確に表したり目的に応じて柔軟に表したりする力を養う。

（3）数学的活動の楽しさや数学のよさに気付き，学習を振り返ってよりよく問題解決しようとする態度，算数で学んだことを生活や学習に活用しようとする態度を養う。

　同小学校学習指導要領解説算数編に示された《数学的な見方・考え方》

「事象を数量や図形及びそれらの関係などに着目して捉え，根拠を基に筋道を立てて考え，統合的・発展的に考えること」と示されている。

　黒表紙に指摘された「計算練習と知識暗記が中心」「生活と乖離した問題」などが改革され，生活算術が唱えられるようになった。緑表紙においても，その目的に日常生活が示され，現在の「日常の事象を数理的に捉える」という《数学的な見方》に連なったととらえることができる。また，この生活算術とともに子どもの主体的な問題解決が重要視され，現在の「主体的に学習に取り組む態度」に通じてきたととらえることもできる。

　緑表紙には《数学的な見方・考え方》という表現はないが，その語源ともいえるであろう《数理思想》が掲げられ，強調，具体化されている。

《数理思想》の開発を目的とした「問題」の分類と意図（山本，2020）

1．純数量関係の問題…形式的な計算方法の錬磨を目的とした問題

・数理的な考えをなし，実験実測などによる結果を正確に処理するためには，計算の方法を知り，反復練習によって技能を高めることが肝要である。

2. 経験的事実の問題…日常に起こり得ることを題材に，数理的な処理をする問題

　　・実際生活上に応用し得るものを取り上げ，日常生活を数理的に正しくするように資する。

3. 構想問題…仮想のものであっても，子どもの精神を向上せしめる，すなわち教育上の目的を達する問題

　　・数理への追究心を喚起し，数理思想の涵養に役立つ。(構想問題などを通して，「考え方」も指導内容となる)

《数理思想》の開発を目的とした「問いの形式」の多様化

(求答問題に限らず)「どんなことがわかるか」「図にかいて調べよ」「色々なことを調べてみよ」

「どんな関係があるか」「色々な問題を考えよ」「方法を工夫せよ」

《数理思想》の開発を目的とした問題例

　緑表紙には，19の経験的事実の問題がある。1つの題目は10問ほどからなり，いろいろな角度から考察し処理していく。その解決過程において既習事項をいろいろと総合的に活用する。実習，実験することもあり実践性がある。問題は単発的でなく一連性がある。

〔参宮旅行〕（6年上pp.16－22）
東京のある小学6年生が神宮参拝の修学旅行をするという設定で始まる。
（1）第四学年ノ四月カラ，六年生ノ四月マデ（8月ヲ除ク）ニ，毎月一人30銭ヅツ積立テタ。
　　「金額ハ一人何程ニナルカ」
（2）路線図（東京→伊勢神宮→橿原神宮→京都→東京）カラ **「ドンナ道順ガヨイカ」**
（3）3日間ノ旅行ノ日程表カラ **「色々ナコトヲ調ベテミヨ」**
（4）旅費（汽車賃・電車賃・拝観料・宿泊料・食費など）ノ予算表カラ **「旅費ノ合計ハ何程ニナルカ」**
　　「積立テタ金トヲ比較セヨ」「乗物代ハ全体ノドレダケニアタルカ」
（5）鉄道運賃ヲ定メル距離・年齢カラ **「1000粁マデノ大人運賃ヲ表ス図ヲ書イテミヨ」**
（6）東京山田間ノ距離ハ483.4kmデアルコトカラ **「小学生一人ノ運賃ハ幾ラカ」「予算表ノ汽車賃ハ，**
　　ソノ運賃ノ何割何分ニアタルカ」
（7）8駅間ノ時刻表カラ **「全行程ノ平均時速ヲ求メヨ」「各駅間ノ平均時速ヲ求メヨ」**
（8）東京・沼津間ノの運行表カラ **「コレデドンナコトガワカルカ」**
（9）沼津・名古屋間ノ運行表カラ **「上リ列車ト下リ列車ガ何時頃ドコデスレチガウカ」**
（10）付近ノ鉄道ニツイテ，**「列車運行図表ヲ書イテミヨ」**

　算数中心総合学習であり，現代においても大切にしていきたい問題ばかりである。

　緑表紙発行後20年，1955年（昭和30年）改訂の教育課程で初めて《数学的な考え方》が算数・数学の目標とされた。さらに片桐（2004）により《数学的な考え方》は分類・整理及び体系化され，現代の算数指導の中核となっている。

1	数学的な態度
2	数学の方法に関係した数学的な考え方（帰納・類推・演繹・統合……）
3	数学の内容に関係した数学的な考え方（集合・単位・表現・操作……）
	1～3について，それぞれ具体的な考え方とそれを問う発問例が示される。

　緑表紙では《数理思想》の開発のために，①指導の目的　②指導の内容　③指導の方法などが開拓された。これが源流となり，教育に携わる先人たちが受け継ぎ，研究を重ね，85年の時を経て，現在の《数学的な見方・考え方》という新たな流れをつくった。このことを正しく理解し，指導を実践していくために，緑表紙から学ぶことは大きい。

文字なし教科書『緑表紙』１年上

宮原　奈央

『緑表紙』１年上は絵のみで構成されている。その理由について教師用書では「国語教授との関係上，文章を掲げず，絵図を主としている。」と説明されている。しかし，現代の１年教科書では，巻頭の単元が文字なしで構成されていることはあっても，１冊すべてが絵図のみで構成されていることはない。ここでは，文字なし教科書の特徴を３つ挙げ，現代の算数教育に活かせるヒントを探っていく。

１．日常場面が「算数」になる過程をとらえた絵

　下は，どちらも「数え方」についての学習のページである。これらの問題の特徴は，１つの場面が，２つの視点で描かれていることである。１つ目が場面全体をとらえた絵（上段），２つ目が「算数」の要素に着目してとらえた絵（中・下段）である。日常場面には算数の要素となるものが無数にあるが，それらを「算数」としてとらえる見方をもっていなければ，日常場面と算数を結びつけることはできない。下の２つのページでは，何気ない「貝殻遊び」や「勉強」の場面が，視点を変えることによって「算数」になる過程が描かれていると考えられる。

　左の貝殻遊びの問題で，もし，はじめに中段の絵を提示されたら，子どもたちは即座に貝殻の数を数え，満足してしまうだろう。しかし，はじめに上段の絵のみを提示し，「２人の子どもは何をしているのかな」「どんなことをお話ししているのかな」と場面を想像させることで，場面の中にある「算数」を見つけるところから学びをつくっていくことができる。

　「問題のわかりやすさ」が必ずしも子どもの「学びやすさ」につながるわけではない。あえて算数の要素がわかりにくい場面を提示することが，子どもたちが自ら日常場面と算数の世界を結びつけ，自然と問いを生み出していくしかけになっているのである。

１年上p.4　　　　　　　　１年上p.6

2．領域を横断した設定

　2つ目の特徴は，1つの問題が，領域を横断して設定されていることである。右は，「色板並べ」という学習のページである。教師用書には「数の増減を取り扱うと共に，工夫を促し，形の概念を養う」と記されている。例えば，1段目右の形と2段目左の形を関連づけ，色板を3枚から4枚に増やしたことで，形や大きさが変化していることに気づかせるのである。本授業は教師用書に「教師は，厚紙製の直角二等辺三角形の色板を準備して，各児童に十枚ずつ持たせるがよい。」と示してあり，実際に操作をさせることが前提となっている。既存の形を扱えば形を仲間分けする活動が中心になるが，子どもたちに色板を操作させることで「数の増減」という見方もできるようになっているのである。

　教師の「ねらい」が児童の見方を制限してはならない。緑表紙では，操作を通して，ほかの領域や既習事項，生活経験などとの関連に気づかせながら，柔軟な思考を促すことで，子どもの見方・考え方を豊かにする授業を実現しようとしているのである。

1年上p.16

3．場面の中に生じる連続した問題（数は表示しない）

　3つ目の特徴は，1つの場面の中に問題が連続して設定されており，数字は一切なく子どもたちが見出すものとしていることである。右の6枚の絵は数の増減の場面を表しており，「蛙が池の端で遊んでいます。向こうから3匹やってきます。みんなで何匹いますか」「7匹のうち，5匹が池の中へ飛び込みました。何匹残っているでしょう」というように蛙の数の増減をストーリー仕立てて問題にしている。

　1年の数の増減の指導では「たし算のお話」「ひき算のお話」のように場面を分類することがあるだろう。しかし，生活の中では数の増減は連続して起こるものである。このようなストーリー仕立ての問題は日常場面と算数の問題が切り離されないための工夫といえる。また，「蛙さんたちはどんな話をしているのかな」とお話を考えたり，数を自由に変えて問題づくりをさせたりすることも考えられる。緑表紙の算数の学習を「算数」に終始させない授業展開が，算数を学ぶ価値や楽しさを子どもたちに感じさせる最大のしかけになっているのである。

1年上p.15

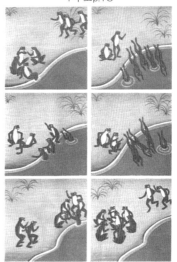

社会に出る準備としての『緑表紙』

上月　千尋

緑表紙がつくられた昭和初期,義務教育は尋常小学校を卒業するまでの6年間のみであった。そして尋常小学校卒業後,中等学校へ進学した者は10人に1人か2人程度といった割合であった。つまり,この緑表紙を使用する6年の子どもたちのほとんどは,翌年には社会に出て働いているということになる。そのため,とりわけ6年の児童用書では,「現実の問題を数理的に処理する問題」が実に多く取り上げられている。

では,具体的にはどのような問題なのだろうか。6年の児童用書の目録（もくじ）を見てみよう。

（上巻）

目録			
量ヲ測ルコト	…1-6	色々ナ問題	…49-54
小学生ノ体位	…7-15	水ノ使用量	…55-58
参宮旅行	…16-22	伝染病ノ統計	…59-62
色々ナ問題	…23-30	相似形	…63-68
対称形と回転体	…31-34	色々ナ問題	…69-75
地球	…35-39	度量衡表	…76-77
暦	…40-48		

（下巻）

目録			
測量	…1-7	郵便	…39-44
農林水産業ノ生産	…8-14	貯金	…45-53
機械	…15-19	計算練習	…54-57
工業ノ生産	…20-26	人口	…58-62
計算練習	…27-28	太平洋	…63-70
燃料	…29-32	色々ナ問題	…71-77
電燈	…33-38		

上巻の「度量衡表」は問題ではないため除くとして,残り25題のうち19題（「量ヲ測ルコト」「対称形ト回転体」「相似形」「測量」「計算練習」を除く）が「現実の問題を数理的に処理する問題」にあたる。これらの問題に共通するのは,次のような点である。

- ・1つの題目は10問ほどからなり,いろいろな角度から考察し処理していく
  （その解決過程において既習事項をいろいろと総合的に活用する）
- ・実習,実験することもあり実践性がある
- ・問題は単発的でなく一連性がある　　　現代でいう算数中心総合学習
- ・社会的要素や理科的要素も多く含んでいる

義務教育が拡大され,さらに高等教育を受ける子どもの数が大幅に増えた現代では,小学校において社会の仕組みを直接的に教えることはさほど求められていないだろう。しかし,このような「現実の問題を数理的に処理する問題」を通して培われる思考力は,学力低下が叫ばれる現代でこそ,小学校教育に求められるものであると考える。現代の小学校教育における,教科横断,総合的な学習の時間（生活科を含む）といった内容の源流が昭和10年代の教科書にあるということは実に興味深い。

いくつかの問題について,具体的に児童用書を見ていこう。

6年（上）　水の使用量

　教師用書によると本題の設定理由は，人間の生活に必要不可欠である水について理解させることである。水の必要性・重要性を普段はさほど意識していないが，引っ越し，旅行，航海，都会生活など人間の生活が複雑になるにつれて意識しなくてはならなくなる。水への理解は今後の国民生活において重要であるとして，主に量の方面から水に関する問題が出されている。

　人体における水分，1人が1日に使う水の量，水道の排水過程，流水の量，水道料金などについて，体積の計算，割合の計算，平均など算数で学んだ内容を用いて考察している。

6年上p.55-56　　　　　　　　　　6年上p.57-58

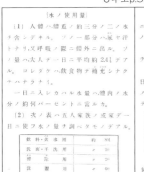

6年（下）　機械

　教師用書によると本題の設定理由は，産業・国防に関係があり国家の盛衰に関係している「機械」（および器具）について，理解と技能を修練することである。機械・器具については理科の学習で直接的に扱っているが，当時の理科教育が知識注入的であったこともあり，理解が不十分で技能も未熟であった。そこで算数科においても機械・器具について取り上げ，理科に欠けていた数理的方面の考察を通して，十分な理解と的確な技能を身につけさせることとした。

　右に示したネジの問題では，子どもたちが実際にネジを手に取り，円柱の展開図，直角三角形，平行など算数の学習で学んだ内容を用いて考察していく。

6年下p.19

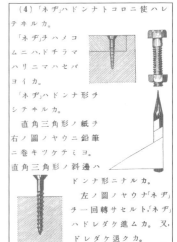

　現代の教師である私たちも，日々のニュースや他教科の教科書に触れた際「算数のどの内容と関連があるだろう？」と，現実と算数授業とをつなげる視点をもつことが大切である。そして時には授業で「現実の問題を数理的に処理する問題」を取り上げることで，子どもたちが「算数で学んだ考え方は将来役に立ちそうだな」と思えるようにしたい。

第 3 章

──『緑表紙』を使った授業アレンジ例──

かずのかたちをつくろう

6ってどんな形かな？

執筆者：墨田区立東吾嬬小学校　宮原　奈央

おはじきをつかって，かずのかたちをつくってみましょう。

6のかたち	7のかたち	
8のかたち	9のかたち	10のかたち

数の世界と形の世界をつなげ，数の見方を豊かにしよう。

　本題は，いくつかのおはじきを使って形をつくらせ，数を数えさせたり，形の特徴を説明させたりすることを通して，小学校学習指導要領解説算数編におけるA（1）数の構成と表し方の「一つの数をほかの数の和や差としてみる」ことと，B（1）図形についての理解の基礎の「前後，左右，上下，方向や位置についての言葉を用いて，ものの位置を表すこと」を身につけることをねらいとしている。

　本題のポイントは3つある。1つ目は，おはじきを使って形をつくらせる際に，子どもが一定の規則をもった形をつくれるようにすることである。「自由につくってよい」と伝えると，おはじきを使ってキャラクターの顔や食べ物などの形をつくろうと考える子どもがいる。このような形はほかの数でつくった形と関連させにくく，授業が単なる形遊びに終始してしまうことになりかねない。そこで本題では，授業の冒頭で「6の形」をいくつか例示することで，全体で「形」のイメージを共有できるようにしている。同じ数のまとまりが見える形，左右対称な形など，一定の規則をもった形を多くつくらせることで，数学的な形の美しさも感じさせるようにしたい。

　2つ目は，つくった形についての特徴を子どもの言葉で説明させることである。「前後」「左右」「上下」などの方向や位置を表す言葉や「さんかく」「ながしかく」「ほそながいかたち」などの形を表す言葉を意識的に使わせることで，図形の見方の素地を養いたい。また，同時に数についても注目させ，既習の「いくつといくつ」を用いて形の構成をとらえさせるようにする。その際「1と2と3」のように1つの数を3つ以上に分けて考えられることも「いくつといくつ」の発展として全体で共通理解をもたせたい。

　3つ目は，つくった形同士を関連づけて考えさせることである。例えば，おはじき6つでつくった「ながしかく」と，おはじき8つでつくった「ながしかく」を関連づけて，おはじきが2つ多いことを数と形の両方の見方で確認できるようにする。形同士を関連づけながら見ることで，数の大きさを視覚的にとらえ，数の大小についての感覚を豊かにできるだろう。また「2ずつ増えている」など，形の変化のきまりを数と関連づけることで，関数的な見方の素地を養うこともできると考える。

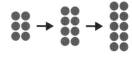

用意するもの	おはじき（児童用），丸シール（児童用），ワークシート（児童用）

 授業展開 ┤本時は「いくつといくつ」の学習のまとめとして行う。

1 6の形について話し合う。

Ⓣ これはいくつですか。

Ⓒ 6です。

Ⓣ これはいくつですか。

Ⓒ また6です。きれいに並んだね。

Ⓣ これはどうですか。

Ⓒ やっぱり6。形が変わっているだけだよ。

Ⓣ どんな形からどんな形になりましたか。

Ⓒ ぐちゃぐちゃから，まっすぐ，しかくになりました。

Ⓒ 1つ目はちゃんとした形になっていない。

Ⓣ ほかの形もつくれるかな。おはじきを6つ使って6の形をいろいろつくってみましょう。

Ⓒ
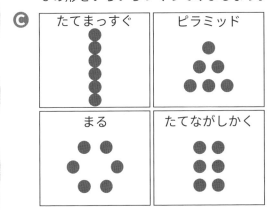

Ⓣ いろいろな形ができました。同じ形をつくりたいのだけど「ピラミッド」はどうやってつくったらいいのかな。

・おはじきが不規則に配置されている絵と規則的（意図的）に配置されている絵を提示し，おはじきを意図的に並べることによって何らかの形がつくれることを理解させる。

Point 学びを深めるポイント

それぞれの図を見せながら「これはすぐに6とわかりましたね」「どれがすぐに6だとわかりましたか」と問うことで，形からどのように数を見取ったかを意識させることができ，数の合成・分解の見方につながる。

・数は同じだが，形が異なることを確認する。

・おはじきを子ども一人につき10個ずつ配布し，机の上で形をつくらせる。
子どもがつくった形をいくつか取り上げ，黒板に提示する。

・タブレットなどで写真を撮って電子黒板に提示して，子どもたちの対話を活性化させることもできる。

・子どもがつくった形に名前をつけ，共通理解をもたせる。

第3章

1年

いくつといくつ

Ⓒ 1つ目を置いたら，下に2つ置いて，その下に3つ置きます。

Ⓒ 1，2，3って，1つずつ増えていくね。

Ⓣ 6を「ピラミッド」の形にすると，1と2と3といえますね。「たてながしかく」の形はどうかな。

Ⓒ 3と3。縦に3つ並べて，その右にまた3つ並べているから。

Ⓒ 2と2と2だと思う。2つ横に並べて，その下に2つ並べて，またその下に2つ並べているから。

Ⓣ 同じ形でも，いろいろな見方ができそうですね。「まる」や「たてまっすぐ」の形はどうかな。

Ⓒ 全部つながっているから分けられない。ただの6。

Ⓒ 1と1と1と1と1と1ともいえるよ。

2 **7〜10までの形について話し合う。**

Ⓣ おはじきの数を増やして数の形をつくってみましょう。

まず，おはじきを7つ手に取ります。形をつくって，いくつといくつになっているかをお話してみましょう。

Ⓒ 7で「お花」の形をつくりました。6と1です。

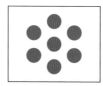

Ⓣ さっきと似ている形がないかな。

Ⓒ 「まる」の真ん中に1つたした形になっているね。

Ⓒ 真ん中の1つを取ったら「まる」と同じになるよ。

Ⓣ 8，9，10ではどうかな。

Ⓒ 8で「ながしかく」の形をつくりました。4と4です。

Ⓒ 「たてながしかく」が，もっと長くなった形だね。

Ⓒ 9で「しかく」の形をつくりました。3と3と3です。

Ⓒ 「たてながしかく」が，きれいなしかくになったね。

緑表紙からのメッセージ

「物を排列するには，方向・位置の観念が伴う。この方向・位置の観念を明らかにすることは，算術科の重要な事項の一つである所の空間観念の基礎となるものである。」

Point 学びを深めるポイント

横，縦，上下，左右，真ん中などの方向や位置を表す言葉を使って説明させる。

Point 学びを深めるポイント

既習の「いくつといくつ」の考え方を使って，形の構成を数でとらえさせる。

・7から順番に形をつくらせる。子どもがつくった形の中からいくつか板書に提示し，いくつといくつになっているか話し合う。

・タブレット上で図形を操作して見せ合ったり，おはじきでつくったものをタブレットで写真を撮って見せ合ったりすることも効果的である。

Point 学びを深めるポイント

6の形との関連に気づかせる。

C 10で「ピラミッド」の形を
つくりました。1と2と3
と4です。

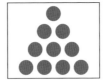

C 6のピラミッドがもっと大きくなったね。

C あと5個あったらもっと大きなピラミッドになり
そう。

T 最後に6〜10の形を，丸シールを使ってワーク
シートにつくってみましょう。

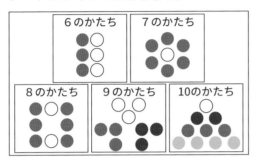

C 1〜5もつくって数の形の本にしたいな。

C 10より大きな数でもつくってみたいな。

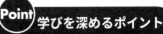

Point 学びを深めるポイント

関数的に形をとらえさせるこ
とで，さらに大きな数を使っ
てつくれる形を想像させる。

・ワークシートと丸シールを配布
する。

Point 学びを深めるポイント

丸シールの色を数種類用意し，
まとまりごとに色分けさせる
ことで，いくつといくつで見
ているかを明確にする。

第**3**章

1年

いくつといくつ

本時の板書

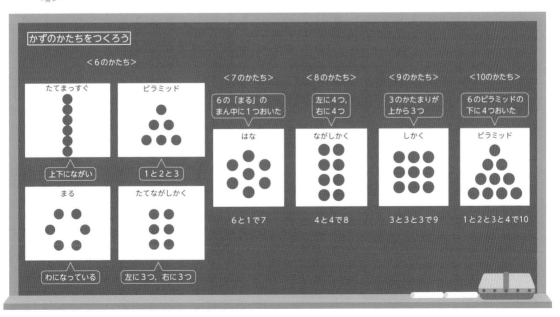

ビフォー

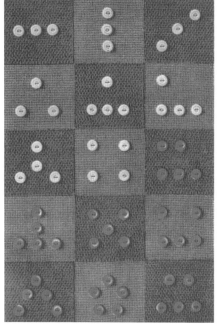

アフター

おはじきをつかって，かずのかたち
をつくってみましょう。

6のかたち	7のかたち	
8のかたち	9のかたち	10のかたち

緑表紙教師用指導書

3. ボタンの排列 （5）

総べて，物が不規則な集合をしてゐる場合には，その數を數へることが困難である。しかし，これを順序正しく排列すれば，容易に數を知ることが出來る。隨つて，集合した物を整理することは，數觀念を明らかにし，事物の數量的取扱をなす上に極めて大切なことである。

又，物を排列するには，方向・位置の觀念が伴なふ。この方向・位置の觀念を明らかにすることは，算術科の重要な事項の一つである所の空間觀念の基礎となるものである。

兒童用書第五頁では，以上の目的を達成するために，ボタンを色々に竝べた繪を示し，これについて，數を知らせ，配置の有様に注目させ，配置と數とを結びつけて，方向・位置の觀念を養はしめ，且兒童に色々工夫して竝べさせて，一層これを確實にさせようとするのである。

兒童用書には，三つから五つまでのボタンの，特色のある竝べ方の數例を示してある。兒童に，實際の物を用ひて，この竝べ方を行はせ，又，十までの範圍で色々の竝べ方を工夫させねばならぬ。この際，必ずしもボタンを用ひさせる必要はなく，おはじきその他適當なものを代用して差支ない。

取扱ふべき事項は，

（イ） 竝べられた物について，
　　配置の有様を觀察すること。
　　　横に竝んでゐる。
　　　縱に竝んでゐる。
　　　斜に竝んでゐる。
　　　上下に竝んでゐる。
　　　左右に竝んでゐる。
　　　眞中にある。
　　　端にある。
　　數を知り，同時に，方向・位置の觀念を明らかにすること。
　　　數の少いのは，直觀による。
　　　數の多いのは，數へて知る。
　　　　左の端から右に數へる。
　　　　右の端から左に數へる。
　　　　上の端から下に數へる。
　　　　下の端から上に數へる。

（ロ） 兒童に竝べさせること。
　　指定數だけ取出させる。
　　配置の有様を指定して竝べさせる。
　　兒童に工夫して竝べさせる。
　　竝べた物を數へさせる。
　　更に一つを追加して，上のことを行はせる。
　　一つを除去して，上のことを行はせる。

以上によつて，數・方向・位置を互に關聯せしめつつ取扱ふのである。教師は，今後機會ある毎に，實際について，上・下・左・右・前・後・縱・横・斜・眞中・端等の方向・位置に關する基礎的觀念を明らかにすることに努めねばならぬ。

緑表紙のとらえと本時

　「ボタンの排列」と題された原題について，教師用書では「集合した物を整理することは，数観念を明らかにし，事物の数量的取扱をなす上に極めて大切なことである。」「物を排列するには，方向・位置の観念が伴う。この方向・位置の観念を明らかにすることは，算術科の重要な事項の一つである所の空間観念の基礎となるものである。」としており，2つの重要な数学的な見方・考え方を育てる教材と位置づけている。本題でも，ポイントの1つ目と2つ目で示されている。さらに教師用書では「児童に色々工夫して並べさせて，一層これを確実にさせようとするのである。」とある。これは操作活動の重要性を示している。それでは「工夫」とはどうとらえたらよいのだろうか。例えば，三角形に置いた3は，下に進むにしたがって三角形を意識しながら数が増えている。同様に四角形に置いた4や，かぎ型に置いた4も，もとの形に加えたり，少し移動させたりすることで数を増やすことができる。この緑表紙の数の並びには，このような工夫を促す要素もあるととらえることができる。この点を読み取って発展させたのが，ポイントの3つ目である。

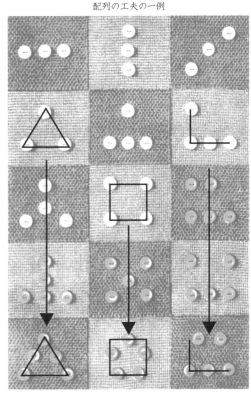

配列の工夫の一例

　児童用書では3から5までの扱いであるが，教師用書には「十までの範囲で色々の並べ方を工夫させねばならぬ。」としている。この部分を意識して行われたのが宮原先生の指導である。実際に操作させるだけではなく，色違いのシールを用いることで，数をつくる際の過程や，子どもが数をどう見ているのかを表現しているところが，数概念を理解する上で緑表紙以上に丁寧な取り扱いであり，クラスの中で主体的な対話が生まれる工夫がされている。

　また宮原先生はこの指導の後に，1から5についても同様に行うことを示唆している。6から10までの経験後に1から5を扱うことで，構成のバリエーションが少なくなり，1においてはバリエーションがなくなるため，数が増えればさまざまな構成ができること，数が1の集合であることへの気づきのインパクトは大きくなるだろう。そして，インパクトが大きければ，10以上の数もやってみたいという子どもの意欲も活性化されるだろう。

　松宮（2007，pp.90-91）によると，緑表紙の編纂の中心人物である塩野直道は，昭和10年5月18日の第44回全国訓導協議会における講演で，緑表紙の1年上巻（絵のみ算術書）について，現場の教師から「6月には教科書の指導が終わってしまうから早く下巻を出してほしい」といった要望を受けている。そこで，塩野は実際に自身の長女にこの「ボタンの排列」をやらせ，その様子について「『ボタンの排列』をやらせてみたら，ずいぶん時間を要した。ボタンの絵だけでなく実物をもってきて並べさせるとか，視覚だけでなく運動を通し，聴覚を通し，手を打ちながらやるとかの工夫がいることもわかった。」（松宮）と述べている。この様子から，昭和初期から現代に至っても，数の概念の指導が丁寧に扱われない問題が存在していることをうかがい知ることができる。数が，読めて書けるといった計算の準備段階としてとらえられることによるものである。しかしながら数の概念は，数学的な見方・考え方の第一歩であり，丁寧に扱う必要がある。塩野の意思を理解し，さらに発展させたのが，この授業である。

（鈴木　純）

1年

たし算・ひき算
おまつりでおかいものをしよう

10ペイで何が買えるかな

執筆者：墨田区立東吾嬬小学校　宮原　奈央

第3章

1年

たし算・ひき算

　みのるさんは おまつりに きました。この おまつりでは おかねの かわりに「おまつりペイ」を しはらう ことに なって います。
　みのるさんは 10ペイ もって います。10ペイを ぴったり つかって どんなものが かえるでしょう。

1ペイ　　3ペイ　　5ペイ　　6ペイ　　8ペイ

2ペイ　　4ペイ　　5ペイ　　7ペイ　　9ペイ

10の合成，分解を発展させ，数の感覚を養おう。

　本題は，「いくつといくつ」「たし算」「ひき算」の学習を応用した特設授業である。「10ペイを使って買い物をする」という活動を通して，10の分解の仕方をたし算やひき算を用いて数理的に考えさせ，数の見方をより豊かにすることをねらいとしている。

　本題のポイントは3つある。1つ目は，「数字」で表された数の大きさをとらえさせることである。「いくつといくつ」では，「10このおはじきを4こと6こに分ける」など，具体物を見たり操作したりしながら，数の合成，分解を学んでいる。本題では「りんごあめ（1つで）4ペイ」など，数が「個数」ではなく「値段」という抽象的な概念で表されているため，子どもたちは，「数字」から数の大きさをとらえることになる。「8ペイはちょっと高い」「3ペイはまあまあ安い」など，ひとつひとつの数の大きさを自分なりにとらえながら合わせて10ペイになる買い方を考えさせることで，数の感覚を養いたい。

　2つ目は，条件に合わせて意図的に数の組み合わせ方を考えさせることである。はじめ，子どもたちは売り物の中から好きな物を選ぼうと考えるが，条件を提示することで選んだ数の大きさを考えて選び方を見直すことになる。その際にいろいろな数を合成してみたり分解してみたりして試行錯誤する時間を十分にとることが重要である。また，既習のたし算を用いて選んだ物の和がいくつになるかを確かめたり，ひき算を用いて残りの「お祭りペイ」を求めたりするなど，計算を使って数を処理する過程を全体で共有することで，数の見方をさらに豊かにすることができると考える。

　3つ目は，子どもたちが自分で問題をつくり，数の見方を広げていくことである。本題は，買う物の選び方によって3口以上のたし算，くり上がりを含む加法の問題などをつくることができる。「同じ物を買ってもよいことにしてほしい」「20ペイ持っていたら」「もし全部買ったらいくらになるのだろう」という子どもたちの素直な発想を取り上げ共有することで，数の見方が広がり，今後の算数の学習への期待も高めていくことができると考える。

用意するもの	売り物のイラスト 算数ブロック（児童用）

📖 **授業展開** 〔本時は「たし算」「ひき算」の学習後に，生活場面を想定した活用問題として行う。〕

1 問題を把握する。

🔵 みんなだったら，何を買いますか。

🟢 たこやきと，わたあめと，りんごあめと……。

🔵 買いたい物がたくさんありますね。ただし，このお祭りでは，お金の代わりに「お祭りペイ」を支払うことになっています。みのるさんは10ペイしか持っていません。そんなにたくさん買えるかな。

🟢 工夫すれば買えそう。

🔵 10ペイでどんな物が買えるか考えてみましょう。せっかくなので10ペイをぴったり使いきりましょう。ただし，同じ物を2つ買うのはなしにします。

🟢 （自力解決）

2 10ペイで2つ買う選び方について考える。

🔵 2つ選んだ人とたくさん選んだ人がいるようですね。まずは2つ選んだ人に聞いてみましょう。

🟢 からあげとラムネにしました。
7＋3＝10　だから，10ペイちょうどです。

🟢 ぼくは焼き鳥とチョコバナナを買いました。

🔵 2つ買う選び方はこれで全部かな。

🟢 まだあるよ。並べてみるとわかる。

① 🥤 と 🍢　1＋9＝10

② 🍡 と 🍢　2＋8＝10

③ 🍾 と 🧁　3＋7＝10

④ 🍡 と 🌽　4＋6＝10

⑤ 🍢 と 🐟　5＋5＝10

・1ペイ〜9ペイの売り物を提示する。
　5ペイの売り物のみ2種類提示する。

・はじめは買いたい物を自由に考えさせ，買い物のイメージを膨らませる。

・解決の見通しをもたせる。

Point 学びを深めるポイント

買い物の条件を提示する。
(1) 10ペイぴったり使うこと
(2) 同じものは買わないこと

・子どもの実態に応じて，お祭りペイに見立てた算数ブロックを操作させるなど半具体物を補助的に扱う。

Point 学びを深めるポイント

代金が10ペイになっていることを計算で確かめる。

🔺 **緑表紙からのメッセージ**

全ての選び方を並べ，整理することで，一方が1，2，3と大きくなると，もう一方は9，8，7と小さくなることに気づかせる。

Ⓣ 2つ買う選び方は，5通りありましたね。

Ⓒ 1つ目に買った物の値段が1ペイ高くなるにつれて，2つ目の代金は1ペイずつ安くなるよ。

3 10ペイで3つ買う選び方を考える。

Ⓣ 10ペイで3つ選んだ人がいたのだけど，みんなわかるかな。わかった人は，ほかの組み合わせ方もできないか考えてみましょう。
算数ブロックを使ってもよいですよ。

Ⓒ （自力解決）

Ⓣ どんな選び方を考えたか発表してもらいましょう。

Ⓒ ジュースとわたあめとからあげです。

Ⓣ どのようにして選びましたか。

Ⓒ 最初に1ペイのジュースと，2ペイのわたあめを選んだら残りが7ペイだったから，からあげにしました。

Ⓣ 残りは，どんな計算で求められるかな。

Ⓒ 10－3＝7

Ⓣ ひき算を使って考えたのですね。みんなもひき算を使って考えたのかな。

Ⓒ ぼくは，算数ブロックを10個出して，3つに分けてみました。

Ⓣ 「いくつといくつ」の考え方を使ったのですね。いくつに分けられましたか。

Ⓒ 1と3と6です。

Ⓣ たし算の式にできるかな。

Ⓒ 1＋3＋6＝10

Ⓒ 3つの数のたし算になったね。

Ⓣ そのほかの選び方を見つけた人はいますか。
全部書いてみましょう。

Point 学びを深めるポイント

買い物の条件を追加する。
⑶ 3つ選ぶこと

・条件を満たす選び方を複数考えさせる（10ペイで3つ買う選び方は4通りある）。

Point 学びを深めるポイント

考えた過程を式や図で説明させる。

◆ 緑表紙からのメッセージ

合わせて10ペイ（原題では10銭）になる考え方は以下のようなものが考えられる。

・任意の2つ（3つ）を選んでその値を合わせてちょうど10になる場合を探す

・任意の1つを選んでその値を10からひいて残りのお金で買える物を考える

・合わせて10になる全ての場合を知ってこれに適する売り物を選ぶ

① 🧃 と 🍡 と 🍲　　　$1 + 2 + 7 = 10$

② 🧃 と 🍶 と 🌽　　　$1 + 3 + 6 = 10$

③ 🧃 と 🍡 と 🍢 か 🍆　　$1 + 4 + 5 = 10$

④ 🍡 と 🍶 と 🍢 か 🍆　　$2 + 3 + 5 = 10$

① 　と　　と　　　　　$1 + 2 + 7 = 10$

② 　と　　と　　　　　$1 + 3 + 6 = 10$

③ 　と　　と　　か　　$1 + 4 + 5 = 10$

④ 　と　　と　　か　　$2 + 3 + 5 = 10$

🄲 まだありそうだな。$6 + 2 + 2 \cdots$，でも同じのが2つになっちゃう。

🅃 これで全部のようですね。

10ペイでいろいろな買い方があることがわかりました。みんなはどの選び方がいいかな。

🄲 3つ選んだ方がお得だな。

🄲 同じ物を選んでもよいことにしてほしいです。

🄲 10ペイじゃ足りないよ。

🄲 全部買いたい。

🅃 新しい問題がつくれそうですね。もし全部買ったらいくらになるのかな。

・全ての選び方を並べる。

・条件を満たせなかった選び方も取り上げる。
・4つ買う選び方（$1 + 2 + 3 + 4$）を考えた子どもがいた場合はここで取り上げる。

✦ 緑表紙からのメッセージ

問題をつくらせることを強要するのではなく，買い物（売り買い）について自由に話させることで，それが自然と算数の問題になるようにする。

・「1ペイのジュースなら10ペイで10個買える（$1 + 1 + 1 + \cdots = 10$）」「全部買ったときの代金は $1 + 2 + 3 + \cdots$ で求められそう」など，条件を変えた場合の買い方を考え，どんな問題がつくれそうか話し合う。

第3章

1年　たし算・ひき算

本時の板書

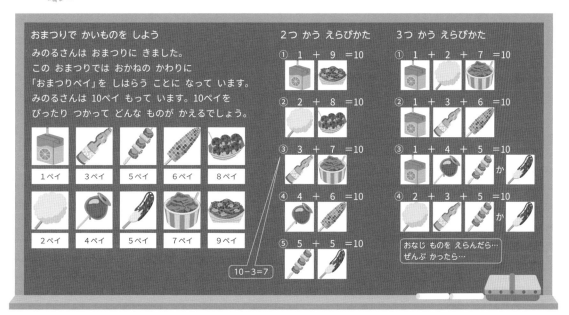

ミノルサン　ハ，フエト　キシャ
ト　ヲ　カヒタイ　ト　オモヒマシタ。
オカネ　ガ　イクラ　イル　デセウ。

　ヤセン　デ，ドレ　ト　ドレ　ト　ガ
カヘマス　カ。

　オモチャ　ヲ　カフ　モンダイ　ヲ
ツクッテ　ゴラン　ナサイ。

　みのるさんは，おまつりに　きました。
この　おまつりでは　おかねの　かわり
に「おまつりペイ」を　しはらう　こと
に　なって　います。みのるさんは　10
ペイ　もって　います。10ペイを　ぴっ
たり　つかって　どんな　ものが　かえる
でしょう。

| 1ペイ | 3ペイ | 5ペイ | 6ペイ | 8ペイ |
| 2ペイ | 4ペイ | 5ペイ | 7ペイ | 9ペイ |

緑表紙教師用指導書　　　　　　　第1学年教師用　下　pp.33−35

2. 玩　具 (16)

　兒童用書の繪は，子供が，玩具屋で玩具を買はうとしてゐる
所である。文章の上の一段は，繪の説明を兼ねた問題で，その
計算は，前章の範圍に屬するものであるが，その内容は，前章
の備考4に記したやうに，これからしようと思ふことに對して，
先づ數量的考察をするといふ種類のものである。

　文章の中の一段は，上の場合に關聯して，十錢のお金があれ
ば，どれを買ふかといふことを考へさせると共に，計算として
は，10を色々に分ける分け方を考へさせるものである。

　十錢でどんな玩具が買へるかといふ問に對しては，次のやう
な色々の場合が考へられる。

(イ)　一種を買つて，金が殘らない場合。

(ロ)　　　　　　　　　　　　……殘る場合。

(ハ)　二種……………………殘らない場合。

(ニ)　　　　　　　　　　　　……殘る場合。

(ホ)　三種以上買ふ場合。

兒童用書の文章は，

　ドレ　ト　ドレ　ト　ガ　カヘマス　カ。

とあつて，明確とは言へぬが，(ハ)の場合を問うてゐると解し
てよい。しかし，兒童の中に，他の(イ)(ロ)(ニ)(ホ)等の
場合を考へる者があれば，勿論，それも一應認めて，然る後に，
(ハ)の場合を中心として考へるやうに導くがよい。

　十錢で二種の玩具を買ふとして，この時の考へ方は，次のや
うに，色々ある。

(い)　任意の二つの玩具をとつて，その値を合はせて，ちや
　　うど十錢になる場合を探し求める。

(ろ)　任意の一つを選んで，その値を十錢から引いて，その
　　殘りの金で買へるものを見つける。

(は)　十錢を二部分に分けた總べての場合を知つて，これに
　　適するやうに玩具を選ぶ。

　實際の指導に當つては，先づ，兒童に自由に考へさせねばな
らぬ。兒童が，(い)の考へ方によつて一組の答を得れば，そ
れで滿足する者が多いであらう。この場合に，適當な指導方
法によつて，他にも條件に適する組合せのあることを氣づか
しめ，出來るだけ多くの場合を兒童自身に求めさせ，これを帳
面に書かせるがよい。かやうにして，總べての場合をつくし終
つたならば，その値段を次のやうに書直させるがよい。

　　1 セン　ト　9 セン
　　2 セン　ト　8 セン
　　3 セン　ト　7 セン
　　4 セン　ト　6 セン
　　5 セン　ト　5 セン

かやうにする際に，一つが一錢の場合には他のものは九錢で
なくてはならぬこと，即ち(ろ)の考へ方を氣づかしめるやう
に指導するがよい。

緑表紙のとらえと本時

緑表紙では，計算重視だった黒表紙期の算術指導への反省と改善のためにいくつかの試みがされているが，今でいうところの数学的な見方・考え方につながるものを題材に多く取り入れていることにもそれが表れている。その中で，具体的なものの1つが「関数の考え」である。関数の考えを早い段階で取り入れて，子どもたちの数理思想を高めようとすることである。この問題は，関数の素地を育てる内容でもある。

この原題は，買い物という，子どもたちにとって日常的かつ関心が高い生活場面を題材にしている。所持金から代金をひき，残金を求めるといった計算だけが目的になっていないことに注目したい。教師用書では，任意の1つの商品を選んで，その代金を10銭からひくことで残金を求め，その残金で買えるものを考える過程において「できるだけ多くの場合を児童自身に求めさせ，これを帳面に書かせるがよい。このようにして，すべての場合をつくし終わったならば，その値段を次のように書き直させるとよい（右図）。このように整理して書き表させることによって，一方が1，2，3，4，5と変化すれば，他方が9，8，7，6，5と変化することに気付かせることができる。」としている。宮原先生は，この点を十分意識して，改題している。「2つ買う選び方はこれで全部かな」という発問をすることで，すべてのパターンを出して数の変化に注目させている。

宮原先生は，実践をする上で3点を意識している。

1つ目は「数字」で表された数の大きさをとらえさせることである。この点は，とても重要である。1年の学習では，実物を用いて加減の指導を始める。すると，自然と量感が子どもたちの中に育っていく。しかし，それは物理的な量の増減だったり，実際に持ってみての重さだったりといった体感できるものである。一方で，お金の増減というのは数値の増減であって，体感できるものではない。一見，買い物という題材は，子どもたちにとって楽しく主体的になれる題材ではあるが，ここに落とし穴がある。この点を，教師用書の関数の指導と合わせることで，数の増減を意識させるように工夫している。これからの時代，電子マネーがさらに活用されていくことが予想されるが，そういう意味でも「ペイ」を題材にするというのは意味がある。

2つ目は，条件のある数の組み合わせである。関数を意識させるために条件が存在するだけでなく，1年の発達段階を考えた上で，子どもたちが，条件を読み取り，理解して問題解決をするという経験を増やしていくことで，読解力や思考力を高めようとするねらいがある。

3つ目は，問題の拡張と数の見方を広げることである。先ほども述べたように「買い物」という題材は，子どもたちの関心・意欲を強く刺激するものである。したがって，条件を加えた買い物場面を設定すれば，その条件を外して「同じものをいくつも買いたい」「20ペイ持っていたら……」「もし全部買ったらいくらになるのだろう」といった発想が子どもたちから出てくるだろう。このように，子どもたちが自ら発展させていく場面をつくることは重要である。教師も「それではもっとたくさん買えるように，何人かグループになって買い物に行きましょう」「○ペイのお好み焼きも加えましょう」などと，さらなる発展を提案することもできる。「10までの数」という単元を越えて，次の単元につなげていくことも可能である。なお，この問題に10ペイのものも加えるというのも考えられる。10ペイで2つまたは3つ買うという条件においては，10ペイの商品はあっても買えないことになる。2つ目のポイントとしている条件を理解しているかを見ることができるだろう。また発展して，10と0という組み合わせについても考える機会になるだろう。

最後に，原題では玩具が題材になっているので，例えば「室内で使うおもちゃと，屋外で使うおもちゃを買おう」「僕と妹のおもちゃを買おう」など，値段とは関係ない基準で選択することができる。より幅広く扱える題材を，目の前の子どもたちの状況を踏まえて考えるとよいだろう。宮原先生の題材も，飲み物と食べ物を選びたいという子どもたちの現実的な願いも反映できるものとなっている。

（鈴木　純）

1 セン　ト 9 セン

2 セン　ト 8 セン

3 セン　ト 7 セン

4 セン　ト 6 セン

5 セン　ト 5 セン

10の分解

かくれた１をしきにあらわそう!!

図を使って，かくれた１を見つけよう！

執筆者：杉並区立永福小学校　福嶋　千歳

どんなしきになるのかをかんがえよう！

> 子どもが12人で，かくれんぼをしています。いさむさんがおにです。
> いさむさんは,いま５人見つけたところです。あとなん人かくれていますか。

🔍 算数ブロックや図で考えを整理することが，正しい立式につながることに気づかせる。

　１年では「ひき算」の単元で，２位数−１位数でくり下がりのある減法について学習する。計算の仕方については，10から減数を取り去った残りとばらをたす方法（減加法）や，ばらを取り去っても取りきれない分を10からさらにひく方法（減減法）などがある。いずれも，数の構成の見方を活かし，被減数を10といくつに分けるという考えが基になっている。

　１年の子どもにとって，くり下がりのある計算は難関である。そのため，立式したり，計算の仕方を考えたりする際には，算数ブロックなどの半具体物や図などを用いて考えたり，それらを使って言葉で説明したりまとめたりする活動を重視し，理解を深めさせることがポイントとなる。計算の考え方と手順の定着を目指し，算数ブロックを用いて実際に操作しながら計算の仕方を言葉で説明したり，式に示された数を見ながら計算の仕方を言葉で説明できるようにしたりと，考えを言葉に出して表現することが子どもの理解を深める鍵となる。そのため，立式の根拠や計算の仕方について話し合う活動を繰り返し取り入れることで，子どもの理解を深めたい。

　そこで，減法の発展問題として緑表紙の「かくれんぼ」の問題を単元の最後に導入することとした。私は，この「かくれんぼ」の問題を「学び合い」が必然的に生まれる問題であるととらえている。問題を読み，子どもの頭に浮かぶのは，くり下がりのあるひき算「12−5」という式であろう。しかし，かくれんぼの鬼の存在に目を向けることで，式の間違いに気づいていく。文章上に出てこない数を式に使う点や，ブロックを用いたり，図をかいたりするなどの操作活動をすることで答えがようやく出る点などから，どう解決するかに子どもの意欲が高まり，解決するために考えを表現する姿が予想できる。加えて「ひき算」のまとめの時期に発展問題としてあえて扱うことで，さらに図を使って考える機会が増えたり，自ら考える手法が増えたりするのではないかと考えた。ブロック操作や図にかく活動を日常的に行っていくことで，それによって答えを導き出した喜びや「わかりやすい」という実感から図に表すことの良さを子どもに日々感じ取らせることができる。本題は「ひき算」と「図を使って考えよう（演算決定）」の２つの単元の橋渡しのような役割とし，子どもには問題解決のためにブロック操作や図を用いると，よりわかりやすく考えられるということに気づかせたい。

用意するもの	かくれんぼの絵，算数ブロック（児童用）

📖 **授業展開** ┤ 本時は「ひき算」の学習後に，発展の学習として行う。

1 **問題を把握する。**

Ⓣ この子たち，何をしているかわかる？

Ⓒ かくれている人がいるよ。

Ⓒ 遊んでいるみたい。

Ⓒ わかった，かくれんぼだ！

　子どもが12人で，かくれんぼをしています。いさむさんがおにです。
　いさむさんは，いま５人見つけたところです。あとなん人かくれていますか。

2 **立式する。**

Ⓣ どんな計算になりそうかな。

Ⓒ 子どもが12人でかくれんぼしていて，今５人見つかっているでしょ。

Ⓒ ひき算になりそう。あと何人？て聞いているから。

Ⓒ 何算かわからない。

Ⓣ 12－5と書いている人が多いみたい。

Ⓒ 12と５の数があるもんね。

Ⓣ どうしてその式になるの。ブロックを使って，わけを教えてください。

Ⓒ まず，12人いて，５人見つかっているから，12－5だよ。

Ⓒ 図にかくと，こうなるよ。

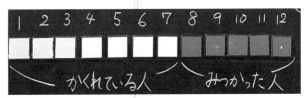

・問題の挿絵を見せ，何をしているところかを予想させながら導入を進めていく。

・挿絵を見せてから問題文を見せることで問題文の状況を子どもが想像しやすくする。

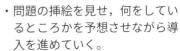 **緑表紙からのメッセージ**

この問題は子どもたちをひっかけようとする問題ではない。実際によく起こりうる事例で，不注意に考えると誤りやすい性質をもっている。

・問題文を読んだ時点で立式させ「12－5」と書いている子どもを最初に取り上げるようにする。

・「12－5－1」や「12－1－5」を立式している子どもがいた場合「後で出番が来るよ」と伝えておく。いさむさんの存在に大多数が気づくまでは，取り扱わない。

Ⓣ じゃあ，この中でいさむさんは，どの子？

Ⓒ ちょっとおかしい。いさむさんがいないよ。

Ⓒ いいんだよ。鬼なんだから入れなくて。

Ⓒ でも，かくれんぼをしている人の中にいさむさんがいるよ。

Ⓒ わからなくなってきた。

3 考えを発表・検討する。

Ⓣ みんなが今話しているのは「いさむさんはどこにいるのか」ってことかな。

じゃあ，もう一度，どんな式になるのか考えてみようか。

Ⓒ 問題に「子どもが12人」と書いてあるよ。

Ⓒ 子どもの中にいさむさんがいるよ。

Ⓒ だって，鬼も，子どものうちの一人でしょう。

Ⓒ だから，さっき12個〇をかいたでしょ。その中にいさむさんがいるってこと。

Ⓣ こういうこと？（いさむをかき足す）

Ⓒ そうじゃなくて，それだと13人でしょ。

Ⓒ 最初の数にいさむさんが入っているから，その分をひけばいいんじゃない？

△ ↑ いさむ	〇〇〇〇〇 かくれている人	●●●●● 見つかった人

Ⓣ もう一度，一緒にブロックを並べてみよう。

最初に12人いるでしょ……。

（正しい並べ方を確認する。）

4 解決方法を考える。

Ⓣ どんな式になるのか見えてきたかな。

Ⓒ いさむさんをひく。

Ⓒ 最初の式は，おかしい。

Ⓒ 12−5を使う。

Ⓣ いさむさんをひくって，式にするとどう表すの？

Ⓒ ひく1すればいいんだよ。

Ⓒ 12−5−1＝6

Ⓒ 12−1−5＝6

Point 学びを深めるポイント

算数ブロックや図で説明する子どもが出てきたら，その図の中のいさむさんの存在に目を向けさせる。「いさむさんはどこにいるのか」という問題点が浮かび上がり，式の矛盾に気づく子どもが出てくるのである。

・「12−5」の式に違和感をもたない子どもが多数いた場合は「いさむさんは，横で見ているんだね」を補助発問とする。

Point 学びを深めるポイント

いさむさんの存在に目を向け，子どもの意見が分かれ始めたら式をもう一度考える流れにもっていく。

〇〇〇〇〇〇 かくれている人	●●●●●　△ 見つかった人

Point 学びを深めるポイント

図では理解できない子どもが多くいる場合は，12名の子どもを黒板の前に出して，鬼役，かくれる役を決めて，動作化するとよい。

・いさむさんを入れた式を考えることを確認する。

Ⓒ 1＋5＝6　12−6＝6

Ⓒ 12−1＝11　11−5＝6

5 学習のまとめを行う。

Ⓣ どんな式になるか，みんなで考えたらわかったね。今日困ったのは，どこだったかな。

Ⓒ いさむさんを探すところ。

Ⓒ 1をひくこと。

Ⓣ そうだね，問題に1なんて数，出てこなかったもんね。どうやったらわかったかな。

Ⓒ ブロックを使ったらわかった。

Ⓒ 図をかいたらわかった。

Ⓒ やってみたらわかった。

Ⓣ 正しい式を立てるには，どうすればよかったかな。

Ⓒ いさむさんを忘れないようにする。

Ⓒ 1をひく。

> **まとめ**
> ただしいしきを立てるには，いさむさんをわすれずに，ひく1をするとよい。
> ばめんをずやブロックにするとわかりやすい。

・式の下に言葉の式で補足する。

Point 学びを深めるポイント

問題文に立ち戻り，いさむさんの存在は数字では書かれていないことに目を向けさせる。

・まとめでは，この問題解決を通して，図やブロックを使った過程が有効であったことを再確認させるとよい。

本時の板書

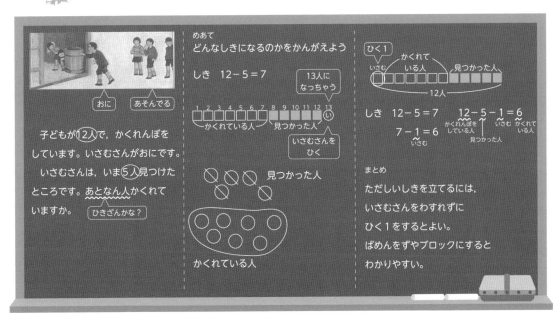

ビフォー　アフター

どんなしきになるのかをかんがえよう！

（5）子ドモ ガ 十二人 デ, カクレンバウ ヲ シテ キマス。イサムサン ガ オニ デス。イサムサン ハ, イマ 五人 見ツケタ トコロ デス。マダ ナン人 カクレテ キマス カ。

子どもが12人で，かくれんぼをしています。いさむさんがおにです。

いさむさんは,いま5人見つけたところです。あとなん人かくれていますか。

第3章

1年

ひき算

緑表紙教師用指導書

第1学年教師用　下　pp.114－116

　五番は，かくれんばうを題材として，一數から二數を引續いて引く計算を取扱ふものである。本題を解くには，十二人の子供の中，一人が鬼になつたのであるから，先づ初めに，十二人から一人を除かねばならぬ。このことが表面に表れてゐない點が，この問題の一つの特色であり，これが又，兒童の誤り易いところである。しかし，これは，決して兒童の誤り易いわなを特に作つたものではない。兒童を徒更ひつかけるやうなものは，排斥せらるべきもので，本書では，努めてこれを避ける方針である。本題の如きは，この種に屬するものでなく，實際によく起る事柄で，しかも，不注意に考へると誤り易い性質を有するものである。實際の例としては，

　友達が七人來た。

　蜜柑を食べさせようと思つて，蜜柑を七つ持つて來た。

　みんなが一つづつ食べるのに，自分の食べるのが無い。

といふやうな場合がある。勿論，本題は，これと全然同種のものではない。本題は，實際の場合に當れば，一人一人を悉く知つてゐるから，まだ見つからないのは誰それといふことが，直

にわかる。假令，計算によるとしても，かくれてゐる人が何人ゐるかと考へるときに，鬼を除くことは，實際の場合には當然行ふところである。それが，算術の問題として，抽象的に考へる習慣のついてゐる者は，問題に表れてゐる數の加減をしさへすればよいといふ，誤つた觀念に基づいて考へるから誤謬を來すのである。算術の問題は，決して特殊なもののみでなく，實際に起る事件を，數理的に考察するものが主な部分を占むべきである。故に，實際に即して考察する習慣を附けねばならぬ。本題は，この意味に於て意義のあるものである。

　一數から二數を引續いて引く計算を導入するものとしては，次のやうな問題を補充して課するがよい。

　子供が十二人垣の外で遊んでゐました。その中五人が，垣の內にはいりました。後からまた，五人はいりました。垣の外には，まだ何人ゐるでせう。

　この計算に於て，二つの減數を寄せて，これを被減數から引く方法は，兒童自身が考へつかない限り，特に指導する必要はない。

緑表紙のとらえと本時

　「かくれんぼ」の問題は，緑表紙を代表する問題といってよいだろう。子どもたちにとって日常事象の中で最も楽しみで重要な遊びが題材となっている。教師用書では「算術の問題は，決して特殊なもののみでなく，実際に起こる事件を，数理的に考察するものが主な部分を占むべきである。故に，実際に即して考察する習慣を附けねばならぬ。本題は，この意味に於て意義のあるものである。」として，日常事象の重要性を意識した問題であることを強調している。

　また，この問題では文章の中で鬼の存在が数値化されておらず，思考過程で自ら見出していかないといけないという特徴がある。1年なので単純ではあるが，構想問題の1つととらえられる。この問題の誤答につながる鬼の存在について，教師用書では，この問題と同種ではないが不注意に考えると誤りやすい性質をもつものとしてみかんの例も挙げている。

みかんの例に見える生活場面

> 友達が七人來た。
>
> 蜜柑を食べさせようと思つて，蜜柑を七つ持つて來た。
>
> みんなが一つづつ食べるのに，自分の食べるのが無い。

挿絵に見る鬼の存在

　本題を行う上で，福嶋先生が重視していることの1つは，子どもの理解を深めるために，立式の根拠や計算の仕方について話し合う活動を繰り返し取り入れることである。式を読むという活動は，数学の世界から日常を見ることである。日常場面を式化することも数学的な力が養われるが，式から日常場面を読み取ることはそれ以上に高度な数学的な力が養われるので有意義なことである。福嶋先生は，この問題を「学び合い」が必然的に生まれる問題としてとらえている。子どもたちは，問題文を読んで最初に頭に浮かぶ「12－5」という式を立てて，違和感をもたないことも多いだろう。一方で，文章や挿絵から鬼の存在に気づく子どももいるだろう。そこで，式を丁寧に読み解く活動が必要となる。式をブロックなどを用いて表すことで，式の場面が明らかになり，そこに鬼が存在していないことに気づく。この場面は活発な話し合いになることが予想される。その過程で，減加法や減減法といった考え方の違いが，計算の仕方にも表れることに気づかせるとよい。

　教師用書では「鬼を除くことは，実際の場合には当然行うところである。それが，算術の問題として，抽象的に考える習慣のついている者は，問題に表れている数の加減をしさえすればよいという，誤った観念に基づいて考えるから誤謬を来すのである。」と指摘している。実際場面を抽象化して数と記号を用いて立式して問題解決を行うことは，数学において一般的なことではあるが，ここに落とし穴があることを常に注意しなければならない。小学校で指導する教科は算数であり，日常から切り離された抽象的な数処理を中心とする中学校以降の数学と異なり，日常事象や生活場面と強くつながっている。この点を重視することが肝要なのである。数学の最終目的の1つには，数学的に処理して考察することによって解決したことを日常事象や生活で活かすということがある。そのために，日常事象や生活場面を常に意識しながら問題解決をする姿勢をもつことは重要である。これは，算数・数学を活用することを指導する上で忘れてはいけない視点である。

　この授業のまとめにおいては，鬼の存在に気づき式に加えることの重要性を示すだけではなく，問題解決の過程で，ブロックなどの半具体物を用いて場面を表現することで鬼の存在に気づくことができたことから，現実場面を意識した操作活動の有用性を子どもたちが実感できるようにすることも大切である。また，かくれんぼの場面で「12人で鬼ごっこを始めたら，今5人見つかっていて，鬼が1人いるから，まだ見つかっていない子どもは……」といった子どもたちが話す内容の経時的変化を丁寧にブロックを連動して動かして示すことで「12－5－1」という式に時間の流れが表されていることにも気づかせるとよいだろう。

（鈴木　純）

2年 かけ算

4年の「簡単な割合」や5年の小数倍の理解の基礎になる！

ばいの考え方はせいくらべでバッチリ！

執筆者：武蔵野市立桜野小学校（作成時 目黒区立上目黒小学校） 森安 美穂

せいくらべ！

大切にしたい倍の概念。どの子にも配慮と必然性のある教材で！

　2年では，かけ算の学習において倍の意味の学習を行う。小学校学習指導要領解説算数編では「乗法は，幾つ分といったことを何倍とみて，一つ分の大きさの何倍かに当たる大きさを求めることであるという意味も，併せて指導する。このときも，一つ分に当たる大きさを先に，倍を表す数を後に表す場合，『2mのテープの3倍の長さ』であれば2×3と表す。」とある。現代の年間指導計画を確認したところ，多くの教科書で，かけ算の意味の後に倍の意味の指導を1〜2時間設けている。これに対して緑表紙では，倍の考えを使い，かけ算の導入を行っている。教師用書ではそのねらいを「同数の累加が出来るからといって，かけ算の基礎が築かれたということは出来ない。かけ算の観念を児童に知らしめるために『何倍』『何倍する』という意義を明らかにすることが大切であり，かけ算九九指導の前に本章を設けた所以である。」としている。そして，倍の概念を指導する上で「数の場合よりも，量の場合から出発するのが適切である。」「一定の大きさをもつ量は，それを単位と考えて，これで測って得た数値で何倍ということを，直観的に知ることが出来るからである。」とある。

　本題では，もとにする量が何cmか提示されていない。だからこそ，倍の意味だけにフォーカスして問題を考えられるという意味で優れていると考えた。その理由は，以下の3点である。

① 倍を指導する際に用いられる題材には長さが多い。しかし，2年のこの時点で使用できる普遍単位は，長さではcm，mm，量ではL，dL，mLの5つしかない。しかもどの単位も習ったばかりで定着や活用体験が不十分であることが多く，単位換算や複名数の加減の計算の際に，アルファベットの単位をうまく書くことができず「アルファベットはわからない」とつまずく子どもも多い。そこに新しい計算の仕方であるかけ算と，倍の概念が登場するのである。文字や言葉に苦手意識をもつ子どもにとって，かけ算，単位，倍の「わからない3倍状態」にならない手立てが必要である。

② 「背比べ」は子どもに身近で，数値化してみたくなる「必然性」のある教材である。今回，3倍や4倍の長さを考えるためにゾウとキリンを提示すると「次は恐竜がいいな」とリクエストが出るなど発展性もある。

③ もとにする量（ミヨ子さんの背の高さ）と比べる量（おじさん，ゾウ，キリンの背の高さ）の2量の比較を線分図で表すことができ，4年の「簡単な割合」などの学習へのつながりをつくることができる。

用意するもの	ミヨ子さんとおじさん・ゾウ・キリンの絵，ミヨ子さんの絵8枚，おじさんの絵2枚，5cmの付箋（2枚×児童数分），20cmを提示する紙テープ

📖 **授業展開** ┤本時は，かけ算の単元内の倍の学習の導入で行う。

1 問題を見て，課題を把握する。

Ⓣ 何をしているかな？

Ⓒ 背比べ！

　（あれ？　今日はかけ算じゃないのかな？）

せいくらべ！

Ⓣ この絵からわかることは？

Ⓒ おじさんの方が，背が高いです。

Ⓒ ミヨ子さんが台に乗ったら，おじさんと同じ高さです。

Ⓒ 台とミヨ子さんは同じ高さだよ。おじさんの半分だ。

Ⓒ おじさんは，ミヨ子さんの倍の背の高さだよ。

Ⓣ 倍ってどういうことですか？

Ⓒ おじさんの背の高さが，ミヨ子さんの2人分ということです。

Ⓒ 2人分だから，2倍っていうんだよ。

Ⓣ なるほど。算数の言葉では2倍というのですね。（ゾウの絵を掲示する）ミヨ子さんは動物園に行きました。ゾウがいました。

Ⓒ ゾウの背はミヨ子さんの，3倍だと思います。

Ⓣ どうして3倍だと思ったのですか？　説明してください。

Ⓒ だって，こう並べたらミヨ子さんが3人分だからです。（ミヨ子さんの絵を，ゾウの高さに合わせて3人分貼る）

Ⓣ なるほど。では次は，キリンがいました。

Ⓒ ミヨ子さんの4倍です。こう並べるとわかります（右図）。

・「同じ数」から「同じ量」に着目できるよう，丁寧に取り扱う。

🔺 **緑表紙からのメッセージ**

左側の絵には，ミヨ子さんと同じ背の高さの台がある。右側の絵では，ミヨ子さんがその台に乗ることで，おじさんと同じ背の高さになったことに，どの子も気づくことができる。

・緑表紙では，旗竿を使い3倍を扱っているが，背比べを続けられるよう本題ではゾウとキリンにする。

・子どもの発言から，直観的にミヨ子さんを基準量とすることで，ゾウやキリンの背の高さも表現できることに気づいていることがわかる。また，おじさんを基準にして考えることもできることに気づく子どもがいる。

© 本当だ！　4人分だね。じゃあ4倍だね。

🝹 ミヨ子さんの背の高さの何人分かで比べればよいのですね。

© おじさんなら2倍だよ。

🝹 どういうことですか？

© キリンはおじさん2人分の背の高さです。

© おじさんの背の高さでも比べられて，倍っておもしろいね。

2 倍の長さを求めることで，倍の考え方がかけ算で表せることに気づく。

🝹 ミヨ子さんではなくて，付箋でもできそうですか？

© できます。2枚あれば2倍です。

🝹 なるほど。では付箋を配ります。この付箋の2倍の付箋はどのぐらいの長さでしょう？

　　○ばいの長さは？　　

© この付箋は長さが5cmだから，10cmです。

🝹 どうやって考えましたか？

© だって，5cmが2枚だから，5＋5です。

© ぼくは，2倍は2枚分だから，5×2で考えました。

© そうか，5＋5は同じ数のたし算だから5×2だね。

© 言葉の式なら，1枚が5cmずつの付箋が2枚分の長さです。

© 2倍というのは，かけ算で表せるんだね。

© じゃあ3倍や4倍の長さも考えられそうだね。

3 連続して見える量の中に，1つ分の長さがある問題に挑戦する。

　　（連続したテープを四等分して提示する）

🝹 同じ長さに折りました。開いてみると，この1つ分が5cmでした。全部のテープの長さは何cmですか？
　　　　　5cm
　　　▭▭▭▭

© 全部5cmだから1，2……。20cmです。

🝹 どんな式になりますか？

© 5×4です。だって，5cmが4つあるから4倍です。

© だから5＋5＋5＋5で20cmだね。

・おじさんの絵を2枚準備し，キリンと比べてどうか確認する。

Point 学びを深めるポイント

「倍」という日常の言葉から「2倍，3倍」といういい方があることを全体で確認した後に，5cmの付箋の長さを2倍にしたときの長さを取り上げることで「基準量のいくつ分」という倍の答え方が，かけ算で立式して求められることに気づくようにする。

・「○倍」という言葉の課題にすることで，子どもたちの理解度に合わせ，出題量を調節する。

Point 学びを深めるポイント

背比べの図のように縦に並べることで2倍を確認している子どもも見られる。2問目で累加の考え方を根拠にかけ算の立式もできるようになり「cmでもかけ算ができる」という学習感想をもつことができる。

▶ 緑表紙からのメッセージ

緑表紙の次の問題は，正方形や三角形，円などの図形の広さで倍の概念を一層明らかにしている。その後，長さを等分する活動を行い，分数やわり算との共通点を見せている。

T 何の4倍ですか？

C この5cmのところの4倍です。

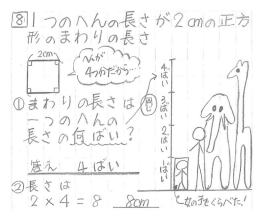

T 3倍じゃないのですか？

C 違います。キリンはミヨ子さん4人分で4倍でした。

C この5cmの長さが4つ分だから、4倍です。

C ○倍の長さは○つ分で、かけ算で考えられるんだね。

T 倍の考え方を使って、どんなことを調べたいですか？

C 恐竜は、ぼくの背の高さの何倍か考えてみたいな。

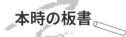

Point 学びを深めるポイント

倍の問題を扱うと必ず、1とみる部分を除いて数えてしまう子どもがいる。2年で扱う整数倍は数えることが可能なため、既習である差で考えていることが予想できる。3年以上の学習で、2量を差ではなく割合で考えることができるように、かけ算や分数の単元で倍の考え方を繰り返し取り上げていきたい。

▶ 緑表紙からのメッセージ

絵柄が古いことが特に強く印象に残ったようで、後日、別の倍の問題を取り上げたときに、基準量を「これがミヨ子さんだったら……」と説明する子どもがいた。

本時の板書

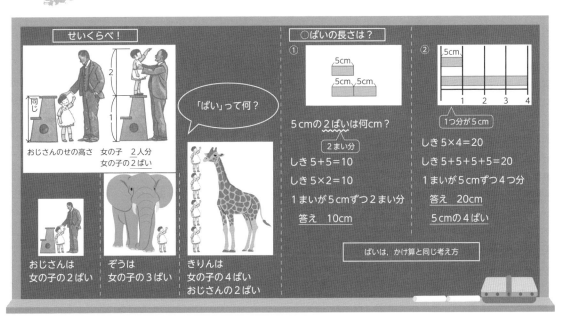

長イ　方
ノ　ハタザヲ
ノ　長サ　ハ,
ミジカイ　方
ノ　ナンバイ
アル　デセウ。

緑表紙教師用指導書

第2学年教師用　上　pp.82—83

指導要領

1. 長さと廣さ (47—49)

二つの物の長さ，二つの物の廣さを比較することから，「倍」の觀念を導入し，併せて圖形に關する理解を得させ，進んで，或長さを倍すること，分割することから，數を倍すること，分けることに進まうとするのである。

倍の觀念を導入するには，數よりも量の方が適切であることは，既に記した通りである。その量の中でも，長さの方は，最も簡單であるし，又，その測定は既に指導して來たところであるから，極めて都合がよい。

身長の比較 (47)

兒童用書第四十七頁の最初に於ては，この長さの比較に兒童が興味を感ずる場合として，身長の比較を探つたのである。

一般に，物の量を比較するときには，兩者の差を見るのと，比を見るのとの二通りがある。差を見ることについては，既に取扱つて來た。此處では，比を見る方を指導して，倍の觀念を導入しようとするのである。兒童用書では，大人の身長が子供の身長のちやうど二倍であることを，繪によつて，直觀的に知ることが出來るやうにして，兒童から，二倍といふことを引出さうと期してゐるのである。この程度の兒童は，かやうな場合に於て，「倍」の觀念をもち，その言葉を知つてゐるものが多い

であらう。但し，その言葉として，「二倍」を單に「倍」といふことがよく行はれてゐるから，今後は，「二倍」と言はせるやうにすべきである。しかし，これも，あまり嚴格に説明する必要はない。殊に，一倍といふのは，そのもの自身に等しいものであるといふことにまでに觸れる必要はない。

かやうな比較に際し，兒童は，二倍よりも既に取扱つた半分の方を考へるかも知れない。その際には，これに引續いて，

をちさんの背の高さは，ミヨ子のどれだけでせう。

と發問して，「二倍」を引出し，二倍と半分とを，關聯させて取扱ふがよい。尚，この際，半分といふことを「二分の一」ともいふことを敎へるのは差支ない。

旗竿の長さの比較 (47)

兒童用書第四十七頁の下半では，旗の繪を揚げ，旗竿の長さの比較をさせることとしてある。直觀的に比較出來るやうに，長い方の竿を塗分けてある。これによつて，三倍といふことを見させるのである。

此處では，長さの測定をさせるには及ばない。

短い方を長い方に比較すれば，「三分の一」である。「二分の一」を上で敎へたならば，これに觸れるも差支ない。

敎師は，以上に準じて，適當な物を選んで長さを比較させ，四倍・五倍等に及ぶがよい。その際には，直觀的に判斷し得るやうなものを選ぶことが肝要である。

緑表紙のとらえと本時

　「倍」の考え方は高学年で学習する比例につながる大切な関数の考え方である。一方で「倍」という言葉は日常的に使われることもあり，子どもたちは耳にしたこともあるだろう。しかし「人一倍努力する」といった言い回しもあり，丁寧に指導して理解させる必要がある。また２量を差で比較することは既習であるので「倍」という割合でみるという考え方を新たに学ぶことになる。

　倍の場合は，２量をそれぞれの立場からみる見方も重要である。AからBをみて２倍ならば，BからAをみれば半分$\left(\frac{1}{2}\right)$となる。このような多角的な見方を育てる機会ともなる。この点について教師用書では「『倍』の観念を二つの量または数の比較から導くとき，また，ある量または数を『何倍する』ということを理解させるときには，その反対の『半分』とか『何分の一』とか，または『いくつかずつに分ける』『いくつかに等分する』ということを同時に考えさせることが極めて有意義である。これらは，もちろん，わり算の観念の基礎となるものである。」としている。包含除がかけ算の逆であるという見方を定着させるためにも有用性のある見方である。

　森安先生は「ミヨ子さん」の身長をもとにおじさんだけでなく，ゾウやキリンの高さについても題材の中に入れている。この点について「背比べ」が子どもにとって身近であることから，あらゆるものと比較をしてみたいという子どもの好奇心が必然的に出てくることを指摘している。緑表紙で扱われる問題には，擬人化された動物や虫が登場することもある。低学年では特に多く，子どもたちの発達段階を考えて，興味・関心がわくように配慮されている。緑表紙の編纂の根底に児童中心主義の考えがあるからである。本題では原題に加えて，ゾウやキリンを登場させているが，この発想は緑表紙の考え方を踏まえているといえる。ゾウやキリンは架空のものではないが，子どもたちの，自分たちと同じくらいの背丈の「ミヨ子さん」を基準にして，より大きくて興味のある生き物の大きさを調べたい，という主体的な姿勢をより活性化させるものとなっている。

タコを擬人化した問題　2年上 p.78

（4）タコ　ガ，ハ　ヒキ　デ　ヲ　ドッテ　キマス。アシ　ハ，ミンナ　デ　何本　アル　デセウ。マタ　ニヒキ　来　マシタ。アシ　ハ，何本　ニ　ナッタ　デセウ。

発問のない原題

ミヨ子　ハ，ダイト|ヲヂサント　オナオナジ　高サダ。|ジ　高サ　ニ　ナッタ。

　次に「倍」の指導という観点から見ていくと，森安先生は，原題に数値がないことに着目して「ミヨ子さん」を中心に考えることで，倍の意味だけにフォーカスできるとしている。この考えは，緑表紙の意図を踏まえたものである。緑表紙では，現代の授業だったら一般的に数値を示すような題材において，数値を示さないことがある。その意図には，数値を子どもたち自らが見出せるように促すことと，概念の理解を重視させることがある。この原題は後者である。教師用書では問題の意図について「絵によって，直観的に知ることが出来るようにして，児童から，二倍ということを引き出そうと期しているのである。」と述べられている。この意図は「ミヨ子さん」とおじさんによる２つの場面とその説明がされているだけで，発問がないところにも表れている。この状況から，子どもたちから自然発生的に出てくるつぶやきをもとにして授業をする展開になっている。現代の問題と比べると情報不足だが，かえって子どもたちの探究心をくすぐる設定になっているのである。

　本題は「ミヨ子さん」とおじさんや動物を通して倍の概念をある程度理解した上で，付箋とその長さを用いて，具体的な数による倍の学習に移行している。子どもたちにとって倍の理解は難しいものである。生活場面を丁寧に扱い，具体的な操作活動を通して抽象的な内容に移行していくことが重要である。同数累加のかけ算ができることと，割合の「倍」の考えで出てくるかけ算はその意味合いが違う。本時は，このことを丁寧に指導できる授業である。

（鈴木　純）

2年 三角形（トピック）
ありの通る道　～長さをはかろう！～

執筆者：戸田市立芦原小学校　相墨　多計士

どんな場めんかそうぞうして
お話しましょう。

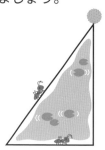

㋐と㋑のどちらの道が
どれだけみじかいでしょう。

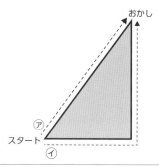

長さを比べる場面をとらえ，倍の見方を利用し，長さを測る方法を適用する。

　長さ（cm）の指導内容は，2年の学習において比較的前半に位置づけられており，本題を長さの単元の延長上で指導すると，直角や直角三角形などが未習である。しかし，緑表紙の原題では，直角三角形の辺の長さは6cm，8cm，10cmになっており，長さ比べが設定されている。直角三角形の辺の長さを整数値でとらえて比較する経験は，後の比の学習への伏線になる。さらに，直角三角形や倍の見方の学習を関連づけて統合する役割を持つ教材にもなり得る。このような意図を含んで，本題は，長さや直角三角形，倍の見方の学習の後にトピックとして設定し3：4：5の比の直角三角形を扱う測定の発展的な学習とする。

　本題では，生活の中にあるような，蟻がお菓子へ進む一場面を扱う。まずは緑表紙の絵から，子どもたちに自由に話をさせ，問題を想像させる。子どもたちは「どちらが近いか？」と問うだろう。それに合わせて，どちらが近いか，つまり長さが短いのはどちらかという問題設定でよいだろう。次に，場面を直角三角形の問題へとモデル化し，㋐の道と㋑の道とどちらが短いかを目測させ予想させる。答えを求めるにはさして難儀な問題ではない。「㋐の方が近いよ！」という意見が圧倒するだろう。そこで「本当に？」と聞き返しながら，既習の長さの計算を用いて求めさせるとよい。子どもの手元にはまずは辺の長さが3，4，5cmの直角三角形の図を与える。3＋4＝7，7－5＝2よって㋐の道が2cm短いことを求めさせる。次に，辺の長さが6，8，10cmの直角三角形を与える。「さっきよりちょっと大きい水たまりの周りを歩く道の長さ比べだ」と場面をイメージさせる。また,三角形の向きを変えて提示することで測定する意義も見出させる。「同じ方法で長さを比べられるかな？」と投げかけて測定させ，直角三角形の辺上を歩く長さ比べの方法を適用させる。ここで，各辺の長さが2倍になっていることに気づかせてもよい。さらに，子どもの手元に，辺の長さが9，12，15cmの直角三角形の図を与える。ただし，斜辺15cmのみ既に書かれた図を与える。「測らなくてもわかった」という声を期待したい。あるいは，ここで，2倍，3倍の関係になっていることをクローズアップすることもできる。㋑の道が9，12cmの和であることを予想した後に，測定して確かめさせたい。最後は，教師が提示した黒板上の図を指して，斜辺が30cmであることを伝えたい。子どもが「じゃあ㋑の道は40cmと50cmでしょ！」と予想する声を受けて，最後に黒板の拡大した図も測定で確かめたい。

用意するもの	お話の絵　辺の長さが30，40，50cmの直角三角形の図 辺の長さが3，4，5cm／6，8，10cm／9，12，15cmの直角三角形の図（児童用） ものさし，三角じょうぎ（児童用）

 **授業展開** 　本時は「かけ算」「三角形」の学習後に トピックとして行う。

1 **問題場面をとらえる。お話の絵を提示する。**

Ⓣ みなさん，これはどんな場面だと思いますか？
どんな場面か想像してお話してみましょう。

Ⓒ 蟻がいるー。2匹いるよ。

Ⓒ 湖かな？

Ⓒ 蟻だから水たまりだよ。

Ⓒ 水たまりの周りが直角三角形？

Ⓒ お菓子を取りに競走しているんだ。

Ⓒ 何m，いや何cmくらいかな？

Ⓒ どっちが近いかな？　遠いかな？

Ⓒ それだと簡単だから，どれだけ近いか。

Ⓣ では，どの道が近いか，どれだけ短いか？という
問題を考えてみましょう。このままだとわかりに
くいので，今日は先生の方でこのお話の場面を取
り出して図にしてみました。

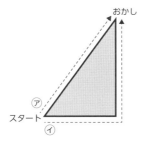

Ⓒ 三角だ。いや，直角三角形だよ。直角があるよ。

Ⓒ 直角三角形の辺の長さを比べるんだ。

Ⓣ では，この取り出した図で問題にするよ。

> 　2ひきのありが，べつべつの道を通って，おかしを
> とりに，まっすぐにすすみます。
> ㋐は直角三角形のななめのへんの上をすすみます。
> ㋑は直角三角形の2つのへんをつないだ上をすすみます。
> ㋐と㋑のどちらの道が，どれだけみじかいでしょう。

・本時の長さ比べで用いる言葉を
拾い集めていく。

・水たまりの周りの直角三角形に
気づいた言葉や，辺の長さに注
目した言葉を記録し，クローズ
アップしたい。

・どちらの長さが短いかという話
題について，差だけでなく倍の
見方が出た場合にも注目させた
い。

Point **学びを深めるポイント**

日常の場面を数学的な事象と
してとらえてモデル化する場
面の1つである。2年の子ど
もにとって，三角形や直角な
どの概念をモデル化すること
は難しい。しかし，教師がお
話の場面の余分な箇所を除い
て提示すれば，モデル化した
場面で問題を解決することは
可能である。

・直角三角形であることはぜひ確
かめさせたい。

2 目測で予想を立て，測る方法について考える。

Ⓣ 今見た目で㋐と㋑の道のどちらが近いと思うか聞いてみようかな。近いというのは短いということだね。

　　㋐の道が短いと思う人？　…　○人（多数）

　　㋑の道が短いと思う人？　…　□人（少数）

Ⓣ ㋐の道が短いという人がとても多いね。
　本当ですか？

Ⓒ 本当です！

Ⓒ 確かめればいいじゃん。

Ⓣ じゃあ，どうやって確かめればいいかな？

Ⓒ ものさしで測ればいい。

Ⓒ 何cmとか調べてから，計算すればいい。

3 ものさしで長さを測り答えを求める。

（1）3，4，5cmの直角三角形がかかれた用紙を配付する。

Ⓒ ㋐の道は5cmです。㋑の道は3cmと4cmです。

Ⓒ たせばいいでしょ。3＋4＝7

Ⓒ どれだけ短いかだからひき算しなきゃだめだよ。

Ⓒ 7－5＝2　だから㋐の道の方が2cm短いです。

Ⓣ そうだね，では，ちょっと大きい水たまりの場合も，比べてどれだけ短いか求められるかな？
　今度は㋑が短い？

（2）6，8，10cmの直角三角形がかかれた用紙を配布する。

Ⓒ ㋐の道は10cmです。㋑の道は6cmと8cmです。

Ⓒ 同じ方法が使える！　6＋8＝14　14－10＝4
　だから，㋐の道の方が4cm短い。

Ⓒ 道の長さがさっきの2倍に増えている！

Ⓒ 3，4，5cmが全部2倍になっているよ。

Ⓣ すごい，偶然だね！　じゃあ，もうちょっと大きい水たまりの場合も，比べてどれだけ短いか求められるかな？

（3）9，12，15cmの直角三角形がかかれた用紙を配付する。ただし15cmのみ長さの表示あり。

緑表紙からのメッセージ

緑表紙の解説には「ものさしで測定する前に，目測で見当をつけさせて見ることは，是非行うべきである」とある。ぜひ子どもに目測で見当をつけさせたい。

Point　学びを深めるポイント

予想活動から，本当に？と聞くことで，確かめる活動へと展開の流れを自然に紡いでいくとよい。そして「どのように確かめればよいか」という問いから，測る方法を考える問題へ移るとよい。

・整数値を測り取り，長さについても加法性が成り立つ既習事項を活かして，計算で求めさせるとよい。

・㋐と㋑のどちらが短いかの話に終始している子どもには，問題文をもう一度振り返らせて，差を求めることを促すとよい。

・（2）では三角形の向きが違うことに気づかせ，実測することで（1）の拡大図になっていることに気づかせたい。その上で蟻の道を提示する。

・板書の書き方も工夫しながら，（2）の段階で辺の長さがそれぞれ2倍になっていることを子どもたちの言葉から引き出したい。

・「偶然だね〜」と声をかけることで，辺の長さや直角三角形の場面であることを振り返らせ，偶然ではなくいつも倍の関係になっていることを見つけることにつながる。

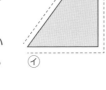

C ⑦の道がかいてある！
15cmだ。

C ⑦の道の長さは測らなくても
わかるよ！

T ⑦の道の辺の長さを測らない
でどうやってわかるのかな？
3人組で話し合ってみよう。

C 今度は⑦の道が初めの図の3倍になっているよ。
だからほかの辺の長さも3倍になっているはずだ
よ。
3×3＝9　4×3＝12　⑦の道は9＋12＝21cmだ。

C 21−15＝6　⑦の道が6cm短い。

C 答えも3倍になっている！　さっきも2倍だった。

C 確かめたら、本当に9cmと12cmだった。

4 提示した拡大の図の長さと比べる。

T では、先生も測ってみようかな。この黒板にある
図でやってみよう。あれ？　⑦の道は50cmだ。
みんなの辺の長さと違うね。

C わかった！　先生の⑦の道は30cmと40cmで70cm。

C 先生のは10倍だ！

Point 学びを深めるポイント

本時はあくまでも測定の学習
が中心である。3：4：5の
直角三角形に注目したり、測
定するモチベーションを高め
たりするきっかけとして、子
どもに配付した図同士の比較
や、教師の提示物との比較を
させるとよい。それにより、
直角三角形の特徴やかけ算の
学習との関連づけを図ること
にもなる。また、予想する活
動や実測で確かめるという方
法のきっかけとなる。

・(3)の長さを実測した後、教師
提示の30cm、40cmの長さも、
子どもに黒板の前で確かめさせ
るとよい。

第3章

2年　三角形（トピック）

本時の板書

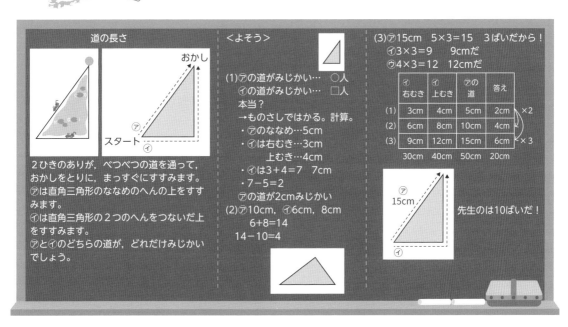

53

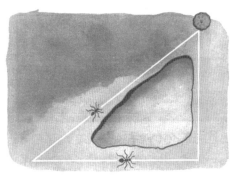

（4）ニヒキ ノ アリ ガ，ベツベツ ノ ミチ ヲ ホッテ，オクゥシ ヲ トリニ ハシッテ キマス。ドチラ ノ ミチ ガ トホイ デセウ。ドレ ダケ トホイ デセウ。

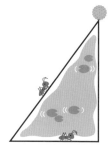

どんな場めんか
そうぞうして
お話しましょう。

⑦と④のどちらの道が
どれだけみじかいでしょう。

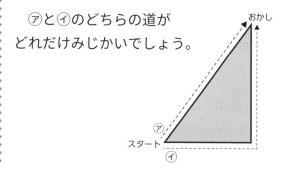

2年

三角形（トピック）

緑表紙教師用指導書

第2学年教師用　上　pp.21-22

四番

　假想の問題である。この種のものにも價値のあることは，既に屢，記したところである。この問題でねらつてゐる點は，

（イ）　二匹の蟻の進路が，直角三角形をなすことを觀察させる。

（ロ）　一匹はその斜邊を行き，他は二邊を行く。

（ハ）　三邊の中で，何れが最も長いかを觀察させる。

（ニ）　二邊の和が，斜邊よりも長いことを直觀させる。

（ホ）　長さを目測させる。

（ヘ）　長さを物指で測定させる。

（ト）　$(a+b)-c$ の形式の計算をさせる。

　以上の諸點は，兒童の直觀・實測に俟ち，あまり立入つた説明をするのは避けねばならぬ。

　三邊の長さは，六糎，八糎，十糎である。これを實測させて計算させることが最後の仕事であるが，物指で測定する前に，目測で見當をつけさせて見ることは，是非行ふべきである。

　$(8+6)-10$　といふ計算も，かやうな形式で表せば，兒童には，困難であらうが，圖について考へさせれば，容易になし得るであらう。

原題は「雑題（教師用書）」の中の１問である。「雑題」の位置づけについて教師用書では「本章で指導した新しい計算及び既習の計算を適用して解し得る実際の場合，児童の興味を感ずるような事柄を掲げてある。既習の計算を適用するようなものは，前学年で課したものよりも，数関係が多少複雑なものを選んである。」としている。原題の前には，5＋42や28－7，29－2－5といった式になる問題が掲示されている。また，原題の後の問題（右図）では，３口の計算の練習問題となっている。つまり，２口や３口の加法減法のまとめ的な内容といってよいだろう。そこに，子どもたちの関心が高まるような身近な場面を加えている。

しかしながら，原題は，前後の問題と異質である。図形的要素とそれに伴った関数の要素を加えているからである。教師用書では，この問題のねらいとして最初に「二匹の蟻の進路が，直角三角形をなすことを観察させる。」とある。その上で，３辺の長さの関係を観察させている。また，長さを目測させるという測定の指導もねらいに加えている。直角三角形の特徴を気づかせたいという意図と，そこから３口の計算につなげるという意図は読み取れるが，直角三角形についてどの程度深めるかについての記載はない。この点については現場の教師任せになるわけで，緑表紙を使っていた当時の教師を悩ませたことだろう。

相墨先生の本時は，直角三角形の取り扱いについての１つの解答を示して，現代において授業として成立する形にしている。直角三角形に焦点を当てて，子どもたちが深く考えられるように長さ，直角三角形，倍の見方の学習を既習として本時を設定している。

本題は，緑表紙をアレンジした絵から始まっている。緑表紙らしい，数値が提示されない問題（図）である。どんな場面か想像するという発問を受けて，子どもたちはこの図を概観して，蟻の行動目的や丸いもの（エサ）が何なのかといったことを考えるだろう。あわせて，水たまりの形が三角形（直角三角形）に似ていることについても意識するだろう。その後，仮想（蟻と水たまり）の場面を抽象化して数学の舞台に引き上げている。斜辺の道の方が近いということは明らかであるが，どちらの道がどのくらい近いかということについて，子どもたちは長さを目測して，さらに精密に測りたいという意欲を持つだろう。その後は３口の計算を行うことになる。さらに，6：8：10，9：12：15，30：40：50の拡大図を示していくことで，辺の長さがx倍になると道の長さの違いもx倍になるということを子どもたちは発見するだろう。このように相似の比につながる素地を体験することは子どもにとって有意義なことである。相墨先生の実践は，子どもたちの想像力を刺激して主体的に考えて活動できるよう工夫されている。6：8：10の図では図形の向きを変えており，子どもたちの視野が広がる工夫も入れている。なお，原題の次の最初の問題（上図）では，原題で登場した直角三角形の長さの計算がそのまま練習問題として掲載されていることも注目したい。（鈴木　純）

３口の計算（2年上p.11）

（5）ツギ ノ ケイサン ヲ ナサイ。

8+6-10	7+ 5 -8	6+ 7 -9
12+4-2	32+7-8	71+6-5
2+26-7	4+44-6	3+85-4

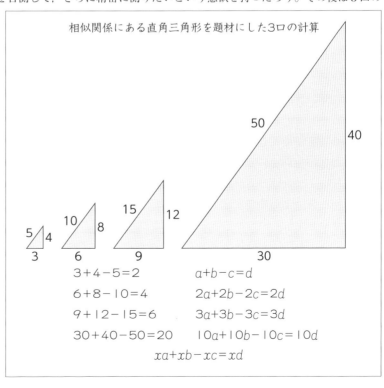

相似関係にある直角三角形を題材にした3口の計算

3+4-5=2

6+8-10=4

9+12-15=6

30+40-50=20

$a+b-c=d$

$2a+2b-2c=2d$

$3a+3b-3c=3d$

$10a+10b-10c=10d$

$xa+xb-xc=xd$

2年 ひょうとグラフ
友だちの生まれた月をしらべよう！

自己紹介カードでクラスのことをもっと知ろう！

執筆者：日野市立日野第六小学校　熊田　美香

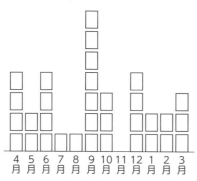

友だちの生まれた月をしらべよう！

4月 5月 6月 7月 8月 9月 10月 11月 12月 1月 2月 3月

くまだ　みか

パンダ
ドッジボール
6月24日

クラスの友だちの誕生日を月ごとに分類整理し，簡単なグラフや表を用いて表すよさに気づく。

　本時は，自分の身の回りにある数量を分類整理し，簡単なグラフや表を用いて表したり，読み取ったりすることがねらいである。

　緑表紙では「カズ子さんの組の生徒の生まれた月」のグラフを例示し，その後，自分のクラスの友だちの生まれた月を調べようという課題が提示されている。この課題のよさは，実際に自分のクラスの友だちが何月に生まれたかという「生のデータ」を使い，それを分類整理することにある。もちろん答えは，自分たちで考えていくしかない。子どもが「知りたい」「調べてみたい」と思う課題であり，主体的に活動することが期待できる。

　この題材を現代風にアレンジするならば，子どもが自ら誕生日の書かれたカードを「操作してみたい」と，カードを動かしながら，何月生まれの人がいちばん多いかという課題を解決できるようにしたい。現代の教科書では，表にまとめる前に，好きな遊びを書いたカードや育てたい野菜の絵カードなどを分類整理することから始まっている。本時では，学級活動でクラスの友だちと仲よくなるために自己紹介カードをつくることから始めたい。友だちに関するどんなことが知りたいかなどを話し合い，名前，似顔絵，好きな動物や好きな遊び，誕生日などみんなが知りたい情報をいくつか選び，実際に自分たちで，それらがかかれたカードをつくる。自己紹介をするなど情報を交流する中で，何月生まれの人が多かったかなど学習課題をつくっておく。本時の課題を全員で把握しているところから授業をスタートしたい。

　4月から，または1月から順序よく並べる，同じ月のカードをまとめるなど，操作活動を通して，子どもたちは資料を分類整理することができるのである。何月を始まりにするか（4月始まりとするか1月始まりとするか）や生まれた人のいない月の扱いなど「生のデータ」を扱うことならではの課題も出てくるが，ひとつひとつの課題を子どもとやり取りし，カードを操作しながら丁寧に解決していくことが深い学びへとつながる。

　また，カードに書かれた誕生日以外の情報は，次時の課題とすれば学習の連続性にもつながる。カードを模造紙などに貼れば，そのまま誕生月表として教室掲示にすることもできる。

📖 **授業展開** 本時は「ひょうとグラフ」の学習の導入として行う。
（2時間扱いにすることも考えられる）

1 課題を確認する。

Ⓣ 今日は，何月生まれの友だちが多いかを調べる約束でしたね。

何月生まれの友だちが多いかしらべよう。

2 カードを操作し，分類整理する。

Ⓒ 自己紹介で使ったカードを使いたいね。

Ⓒ カードを黒板に貼っていこう。

（子どもが黒板にカードを貼って操作していく）

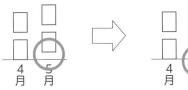

5月のカードがそろってないよ！

スタートをそろえるといいよ！

3 グラフに整理する。

Ⓣ 完成しました。ノートに写しましょう。

Ⓒ えっ，それは，大変だよ。

Ⓒ カード1枚を○1つでかけばいいよ。

Ⓣ では，カード1枚は，○1つで表しましょう。このような紙（グラフ）があればできますか。

Ⓒ できるよ。

Ⓣ では，かいてみましょう。

Ⓒ （グラフをかく。）

Point 学びを深めるポイント

学級活動で自己紹介をしたときに，本時の課題となるような「何月生まれが多かったか」などを子どもが知りたいこととして話題にしておき，本時はその解決をする時間とする。

・スタートを4月にするか，1月にするかは，クラスの実態でよい。
・位置をそろえていないものを見せるなどして，スタートの位置をそろえることが大切であることを確認する。

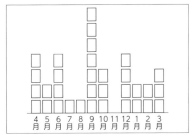

・子どもの誕生月を調べ，人数に合わせてグラフをつくっておく。

生まれた月と人数

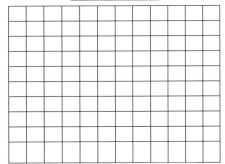

これをグラフといいます。グラフには，題名をつけます。「生まれた月と人数」と書きます。

4 できたグラフを考察する。

生まれた月と人数

高さを見ればいいんだね！

人数が同じところは，同じ高さになっているよ。

多いところは，いちばん高いよ！

生まれた人が多い月は，9月だ！

いちばん少ないところはいちばん低いよ！

○の数はクラス全員の人数になるよ。

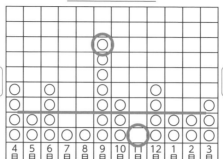

🔵 あれっ？　11月生まれの子がいないよ。

🔵 じゃあ，11月は，かかなくていいんじゃない？

🔵 だめだよ。11月がいないってことがわからなくなっちゃう。

🔵 11月は，いないって見ただけでわかるけど，9月は，たくさんいるから数えなきゃわからないよ。

🔵 数を書いておきたいな。

🔵 では，月と人数を書きましょう。これを表といいます。グラフと同じで，題名も「生まれた月と人数」と書きます。

・人数の最大，最小，差は，高さを見れば一目でわかるという気づきを価値づけし，グラフのよさを実感できるようにする。

Point 学びを深めるポイント

生のデータを使うことで生まれた人がいない月がある場合など，日常で起こり得る事象も扱うことができる。

5 グラフと表の特徴について話し合う。

生まれた月と人数

月	4月	5月	6月	7月	8月	9月	10月	11月	12月	1月	2月	3月
人数	4	2	4	1	1	7	3	0	4	2	2	3

生まれた月と人数

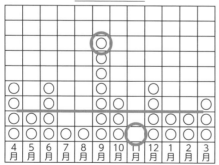

グラフは多い，少ないがわかるけど，表は何月生まれが何人か数でわかった。それぞれいいところがあるよ。

グラフは，高さを見ればいちばん多い，いちばん少ないがすぐにわかる。

表は，何月生まれが何人かすぐわかるよ。

どちらもいいところがあるから両方あると便利だよ。

Point 学びを深めるポイント

グラフと表を並べて比べることで，グラフは多少が一目でわかる，表は数がわかるというそれぞれの特徴に気づくことができるようにする。

6 緑表紙のグラフを読み取って表にまとめる。

T これは，昔の教科書に載っているグラフです。

C 1月生まれがいちばん多いね。

C いちばん少ないのは6月だよ。

C 4月生まれの人数は同じだよ！

C 人数が多くて○を数えるのが大変。

C 表をつくってみよう。

月	4月	5月	6月	7月	8月	9月	10月	11月	12月	1月	2月	3月
人数	4	3	2	4	4	5	5	5	3	7	6	6

T 何月生まれが何人か確認しましょう。
（子どもと人数を確認していく）

T 次は自己紹介カードを使ってどんなことを調べたいですか？

C 好きな遊び。

C 好きな動物も調べたいな。

・緑表紙の課題を適用問題として扱う。

・自己紹介カードを基に，次時の学習課題を，子どもたちと話し合って決める。
・自分のクラスのデータを見れば，最大値，最小値だけでなく，同数の物や2つの物の差などたくさんの気づきがある。自分たちのクラスでつくった表に対してはそれ以上の関心をもつことが予想される。

本時の板書

4月10日

何月生まれの友だちが多いかしらべよう！

じこしょうかいカードをつかってならべよう

はじまりは，4月

何人かがすぐわかる！

どちらもいいところがある！

多い，少ないがすぐわかる！

	生まれた月と人数												ひょう
月	4月	5月	6月	7月	8月	9月	10月	11月	12月	1月	2月	3月
人数	4	2	4	1	1	7	3	0	4	2	2	3

生まれた月と人数　グラフ

いちばん高い　いちばん多い

いちばんひくい　いちばん少ない　○がない！　0人

同じ高さ　同じ数

グラフは，高さを見れば，多い，少ないが一目でわかる。
ひょうは，数を見れば，何人かが一目でわかる。

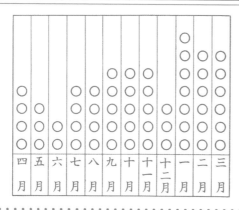

四月	五月	六月	七月	八月	九月	十月	十一月	十二月	一月	二月	三月

コレハ, カズ子サン ノ クミ ノ セイトノ 生マレタ 月 ヲ シラベテ ツクッタ ツ デス。ナン月生マレ ノ 人ガ, 一バン オホイ デセウ。一バン 少イ ノハ, ナン月生マレ ノ 人 デセウ。

ジブン ノ クミ ノ セイト ノ 生マレタ 月 ヲ シラベマセウ。

友だちの生まれた月をしらべよう！

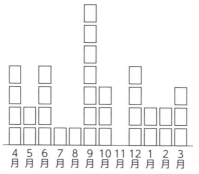

4月	5月	6月	7月	8月	9月	10月	11月	12月	1月	2月	3月

くまだ　みか

パンダ
ドッジボール
6月24日

緑表紙教師用指導書

第2学年教師用　上　pp.16-17

3. 生まれた月と年齢 （7—8）

生年月日を，月を中心として取扱ひ，年齢に對する理解を進め，年齢に關する問題を課し，計算を練習させるのである。

生まれた月と年齢 （7）

児童用書では，生まれた月を調べた圖を觀察させることになつてゐるが，これに入る前に，次のやうな事項について問答をするがよい。

歳は幾つであるか。

昭和何年に生まれたか。

今年は，昭和何年か。

今年は，生まれた年から何年目か。

何月何日に生まれたか。

各自の生年月日は記憶させるがよい。

年齢は，數へ歳と，滿何歳とあるが，滿何歳を敎へるのはまだ時期が早いから，數へ歳に止めるがよい。

次に，一月から三月までに生まれた者は，七歳で入學し，四月から，十二月までに生まれた者は，八歳で入學することを注意する。嚴密に言へば，四月一日に生まれた者は，數へ歳七歳で入學するのであるが，さういふ兒童がその學級にゐない限り，特に説明する要はない。

かやうにして，兒童用書の圖について考へさせる。

各月の上の圓は，何を表してゐるか。

四月から十二月までに生まれた人は，昭和何年生まれで，幾つであるか。

一月から三月までに生まれた人は，昭和何年生まれで，幾つであるか。

さうして，兒童用書の問に答へさせるがよい。進んで，兒童用書第七頁の下方に示したやうに，自分の學級の兒童について，生まれた月を調査させ，これを兒童用書のやうな圖に畫かせるがよい。この調査は，全級の兒童について行はねばならぬから，教師が適當に指導する必要がある。かやうにして作つた圖について，種々考察させ，兒童にも，問題を作つて解くことを要求するがよい。

緑表紙のとらえと本時

　この問題を取り扱う上では，時代背景を踏まえる必要がある。この教科書が使われていた昭和10年代は，数え歳の考え方や利用が一般的で，多く使われていたということである。数え歳とは，生まれたその時を1歳として，その後，元旦を迎えるごとに1歳ずつ年齢を加えていく年齢の数え方である。昭和24年に法律第96号によって「年齢のとなえ方に関する法律」が制定されて，昭和25年1月1日に施行されるまでは，日本では，数え歳の考え方が普及していた。つまり，日本国民は全員元旦に1歳年をとるということだったのである。したがって，現代のように誕生日を祝うという習慣もほとんどなかった。一方で緑表紙編纂にあたっては，20世紀初頭に起こった欧米の数学教育改造運動の影響を色濃く受けている。したがって，この問題にも，満年齢の考え方を取り入れていると推察できる。教師用書においては「年齢は，数え歳と満何歳とがあるが，満何歳を教えるのはまだ時期が早いから，数え歳に止めるがよい。」としている。しかし，満年齢につながる指導をするよう促している。教師用書では「昭和何年に生まれたか。」「今年は，昭和何年か。」「何月何日に生まれたか。」などの質問をすることと，各自の生年月日を記録することを勧めていると同時に，生年月日と入学時の年齢について載せ丁寧な説明がなされている。

　熊田先生は，この実践のねらいを「自分の身の回りにある数量を分類整理し，簡単なグラフや表を用いて表したり，読み取ったりすること」としている。そして，そのねらいに対して，子どもたちが主体的に取り組めるように，身近な自分たちのクラスを題材にしている。緑表紙でも児童用書，教師用書ともに自分の学校のクラスで行うことを勧めているので，この考え方に沿っているといえる。表やグラフを用いて統計処理をするときには，それをするための確固たる理由が必要である。日常生活や子どもたちが社会に出て，このような作業をする機会に接したとき，そこには目標と予想（仮定）が存在するからである。小学校低学年段階では，目標だけではなく，目標に代わるものとして純粋な興味・関心から始まってもよい。熊田先生の実践においても，子どもたちの興味・関心は高く，よく考えながら，グラフを作成している。グラフの構造を理解しながら，より見やすくする過程で，カードを○に置き換える抽象化がなされている。また，考察についても，最大値や最小値，グラフの中も項目ごとの数量の差，同じ数量の項目などを積極的に調べている。また，表とグラフのよさについても比較がされている。さらに，子どもたちの関心・意欲は発展したものを求めており，好きな遊びなど新たなものの統計を取ろうとする発言が出ている。好きな遊びなどを調べる際には，発展させて，クラスを2つに分けて統計を取り，2つ以上のグラフを比較する経験もさせることができる。

　さて，児童用書では，この問題は「カズ子さん」の学級でのグラフということで始まっているが，この問題の後も「カズ子さん」にまつわる問題が続いている。教師用書では一連の問題について「生年月日を，月を中心として取扱い，年齢に対する理解を進め，年齢に関する問題を課し，計算を練習させるのである。」としている。このように，緑表紙では1人の主人公を中心に様々な問題発展させることで，日常事象の中のつながりを意識させている問題が複数存在している。　　（鈴木　純）

「カズ子さん」の続題

（1）カズ子サン ノ オトウト ハ，コトシ 四ツ デ，五月生マレ デス。モウ ナン年 タツ ト，學校 ヘ アガル デセウ。イマ 二年生 ノ カズ子サン ハ，ソノ トシ ニ ハ，ナン年生 ニ ナル デセウ。

（2）カズ子サン ノ オトシ ハ 九ツ デ，ネエサン ハ 十四 デス。カズ子サン ガ 十四 ニ ナル トキ ニ ハ，ネエサン ハ イクツ ニ オナリ デセウ。

（3）オバアサン ノ オトシ ハ，イクツ デセウ。

3年

かけ算（トピック）
マホウのワ

執筆者：高知大学教育学部附属小学校　森　寛暁

ミドリさんからお手紙がとどきました。読んで，お返事を書きましょう。

おもしろいことがおきた！

【メモ】

	犬	サル	キジ
一投目	4		2
二投目	5	3	
三投目			
合計（点）	15	15	15

　あるところで，犬，サル，キジの3びきが，わ投げをして遊んでいました。3回投げた合計とく点で，きそい合っていました。同じ動物が同じ場所には投げられないようです。

　わたしはサルが勝つと期待していました。しかし，けっかは3びきとも15点で引き分けでした。もう一度勝負するのかと思い，しばらく様子を見ていました。すると，3びきは勝負のことはわすれて「おもしろいことがおきた！」とわいわいさわぎ始めました。今思い返しても，わたしには何がおもしろいのか全くわかりません。

　メモを書いています。おもしろさがわかったら，お返事ください。

ミドリより

魔方陣を数理的に考察する活動を通して，事柄の本質を明らかにしようとする実践態度を養う。

　本題における「数理的に考察する」とは，式，図，操作，表を用いて「なぜ縦，横，斜めの和が一定になるのか」をよく調べ考えることである。また「事柄の本質を明らかにする」とは，縦,横,斜めの和が一定になるという魔方陣の性質に気づくとともに，その性質が成り立つ理由を数量の関係に着目して，図や式などを用いて，目に見える形で他者へ表現することである。

　緑表紙では「シカク　ノ　中　ノ　カズ　ヲ，タテ　ニ　ヨセテ　ゴラン　ナサイ。ヨコ　ニ　ヨセテ　ゴラン　ナサイ。ナナメ　ニ　ヨセテ　ゴラン　ナサイ。」（ヨセテは"たして"という意味）という文を添えて魔方陣が紹介されている。指示通りにたし算を行うことで，魔方陣の性質に子どもが自ら気づけるような活動を設定している。

　本題は，魔方陣をさらに深く掘り下げ，魔方陣の性質に気づいた先に，性質の理由を考察していく活動を設定する。そうすることで，事柄の本質を明らかにしようとする実践態度が養われると考えるからである。理由や根拠を明らかにする活動の中で発揮される実践態度は，人間性の涵養の素地であり，探究心を芽生えさせる種でもある。

　そこで，まず「おもしろいことがおきた！」とおもしろさへの考察に焦点を当てる導入を行うことで，子どもが数理的に考察する時間を確保する。

第3章

3年

かけ算（トピック）

用意するもの	数の並びが魔方陣になっている実物の輪投げセット，おはじき，大型テレビ（手紙提示用）もしくは手紙を拡大したもの

📖 授業展開

> 本時は「□を使った式」の学習後に，これまでの学習を活用して事象を数理的にとらえ，論理的に考察する学習として行う。

1 問題と出合う。

> ミドリさんからお手紙がとどきました。読んで，お返事を書きましょう。

- Ⓒ どんな内容なんだろう？
- Ⓣ では，ミドリさんのお手紙を読みます。
- Ⓒ ぼくも何がおもしろいのかわからないよ。
- Ⓒ たしかに。一体，何がおもしろいんだろう？
- Ⓣ 何がおもしろいのかな？　場面の絵をかきますね。
- Ⓒ ああ，なるほど。犬は4と5に入っているね。
- Ⓒ だったら，次は6じゃない？
- Ⓒ どうして？
- Ⓒ だって，3匹とも合計15点なんでしょ。
- Ⓒ そうか！　斜めに見たんだ！
- Ⓣ 斜めか。図と式で表せますか？
- Ⓒ 式は，4＋5＋□＝15で，□＝6。

犬 | 8 | 1 | ⑥
--- | --- | ---
 | 3 | ⑤ | 7
 | ④ | 9 | 2

- Ⓒ でも，サルとキジはわかんないよ。メモが見たい！

2 メモに書かれた表を手がかりにして，サル，キジの合計得点を図と式で表現する。

- Ⓣ メモです。一緒にノートに書き写しましょう。
- Ⓒ メモは表なんだ。書いてないところがあるよ。
- Ⓒ 本当だ。空いてるマスに数を書き加えたい！
- Ⓣ え!?　書き加えたいって，数が見えているの？
- Ⓒ だって，3匹とも合計15点なんでしょ。
- Ⓒ でも，サルとキジは空いてるマスが2つあるよ。
- Ⓒ サルの一投目が，もし4だったらどうかな？
- Ⓒ 縦に見たんだね。もう1つパターンがあるよ。
- Ⓒ パターン？
- Ⓒ 横に見ても，15ができるよ。

サル | ⑧ | 1 | 6
--- | --- | ---
 | ③ | ⑤ | ⑦
 | ④ | 9 | 2

- Ⓣ では，サルの一投目を□，三投目を△にして，式に表してみましょう。

- ・第三者であるミドリさんから届いた手紙に，返事を書くというゴール設定を伝える。そうすることで，子どもに相手意識と目的意識が芽生える。
- ・対話中の子どもの素直なつぶやきを板書する。
- ・手紙を読む際は，ゆっくりと間を取りながら，子どもの反応を観察する。メモはまだ見せない。
- ・犬の輪投げを再現することで，場面をよりイメージできるようにする。

Point 学びを深めるポイント

図と□を使った式で表現する。

- ・斜めの見方を価値づける。
- ・ここで【メモ】を見せ，板書する。

Point 学びを深めるポイント

空欄を設けることで「数を入れたい」という子どもの動的欲求が芽生える。さらに「どんな数が入るのか」「もし〜」といった問いや仮説の考えが自然と生まれる。

- ・縦の見方を価値づける。
- ・横の見方を価値づける。
- ・2つの未知の数量をそれぞれ□，△として考えてみるように投げかける。

Ⓒ □＋3＋△＝15

Ⓣ では，縦に見た場合，横に見た場合をそれぞれ図と式で表せますか。

Ⓒ 縦は，4＋3＋△＝15，△＝15－7で，8。

Ⓒ 横は3の隣の5をあてはめてみよう。そうすると，□＋3＋5＝15，□＝15－8で，7。

Ⓣ わからない数が2つもあるのに，よくできましたね。キジはどのように考えられますか？

Ⓒ 同じように考えられるよ！　でも，キジは3パターンありそう。

Ⓒ そうそう！　縦，横，斜めの3パターン。

Ⓒ 2を使って15をつくるんだよね。ぼくも見えた！

Ⓒ 縦は，　2＋7＋6＝15。
横は，　2＋9＋4＝15。
斜めは，2＋5＋8＝15。

3 なぜ縦，横，斜めの和が一定になるのか考察する。

Ⓣ 縦，横，斜めの3つの数をたせば，15になったね。

Ⓒ うん。でも，ちょっと不思議。

Ⓣ これって，たまたまだと思う？

Ⓒ いや，たまたまじゃなさそう。きまりがあるかも？

Ⓣ では，みんなでじっくり調べてみましょう。まず，4＋5＋6の式で考えてみましょう。

Ⓣ ここに，おはじきがあります。どこを動かせば15が見えますか？

Ⓒ あっ！　わかった！

Ⓒ 1つ動かせば，5が3つになる！

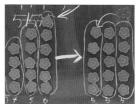

Ⓒ 5×3＝15だ。

Ⓒ だったら，ほかの場所も調べてみたい。

Ⓒ 2＋5＋8＝5＋5＋5！

Ⓒ 3＋5＋7＝5＋5＋5！

Ⓒ 共通点が見えたよ。

Ⓒ 真ん中の5はそのままだ！

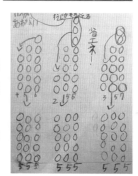

Point 学びを深めるポイント

未知の数量が2つあっても，縦と横の見方で考えることで，図と式を用いて表現することができる。

・サルで使った式表現の考え方が，キジでも使えることを全体で共有する。

・3つの見方にそれぞれ対応する図と式を，ノートにかくように投げかける。

Point 学びを深めるポイント

偶然性を指摘する発問を行うことで，必然性への理由や根拠を探る動的欲求が子どもに芽生える。

Point 学びを深めるポイント

おはじきを操作することで，数の移動が可視化され，数量の関係に着目することができる。

・4＋5＋6を5×3にできることを価値づける。

・帰納的に事例を集めようとする態度を価値づける。

Point 学びを深めるポイント

ノートに図を記述させることで，子どもの理解度を見取る。「省エネ」という言葉から，簡潔に考えられていることがわかる。

4 ミドリさんに返事を書く。

T それでは，ミドリさんにお返事を書きましょう。

C あ，そうだった。おもしろさを伝えるんだったね。

C やっぱり，縦，横，斜めの３つの数をたすと，どこも15になることがおもしろさだよね。

C 私は３つの数のたし算の式が，５×３の式に変身できることを伝えたい。

5 魔方陣（三方陣）を知る。

T 縦，横，斜めの３つの数をたすと，どれも15になりましたね。

C はい！　とてもおもしろかった！

T このような数の並びを「魔方陣」といいます。

C マホウジン!?　マホウが，かかっているんだ。

C 数を入れかえたら，どうなるのかな？　15じゃなくなるのかな？

C ぼくは，10を入れて考えてみたいな。

C 自分でつくれる方法ってあるのかな？

 Point 学びを深めるポイント

相手意識を想起させることで，学んだことが整理される。おもしろさについて，より洗練された表現が期待できる。

・魔方陣を教える。

▲ **緑表紙からのメッセージ**

使用する数を１〜９から２〜10の数に変えても，同じように３つの数の和が一定になるか，発展的に考えることができる。

3	8	7
10	6	2
5	4	9

第**3**章

本時の板書

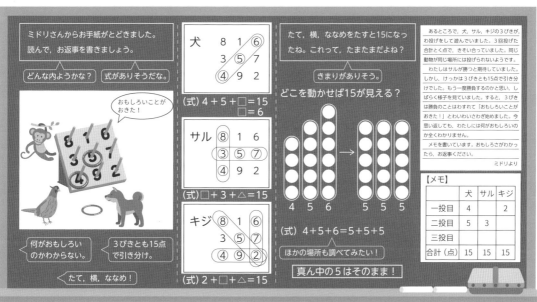

（7）シカク ノ 中 ノ カズ ヲ, タテ ニ ヨセテ ゴラン ナサイ。ヨコ ニ ヨセテ ゴラン ナサイ。ナナメ ニ ヨセテ ゴラン ナサイ。

8	3	4
1	5	9
6	7	2

3	8	7
10	6	2
5	4	9

ミドリさんからお手紙がとどきました。読んで，お返事を書きましょう。

おもしろいことがおきた！

【メモ】

	犬	サル	キジ
一投目	4		2
二投目	5	3	
三投目			
合計（点）	15	15	15

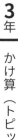

3年　かけ算（トピック）

緑表紙教師用指導書　　　　第1学年教師用　下　pp.99-101

七番は，三敷を引續いて加へる場合の計算を，興味あらしめるために，所謂三方陣をとつて提出した。1から9までの数を殘らず用ひて方陣を作り，縦・横・斜の三方向の和が常に一定となる場合は，兒童用書上圖で示したもの一つだけで，2から10までの数を殘らず用ひて得られる同様な方陣は，兒童用書の下圖に示したもの一つだけである。勿論，左・右或は上・下の列又は行を互に入れ代へたものは，別である。下圖は，上圖の各数に1を加へて，上・下の行，左・右の列を入換へたものに過ぎない。斜の方向の和が一定にならず，縦・横の方向だけが一定となる場合は，幾通りも出来る。教師は，適當な方陣を作つて與へ，計算の練習をさせるがよい。

尚，此處では，次のやうに式で問題を與へて，計算の練習をさせるもよい。

8＋6＋3　　2＋4＋9　　7＋5＋1

備考

1. 本章の計算は，實物を数へることによつて行ふことから進んで，思考に訴へるやうに指導することとしたが，手の指，数圓・計数器を用ひて指導することも，廣く行はれてゐる。手の指，数圓・計數器は，實物と暗算との中間に位するもので，便利なものであるから，これを用ひるのは妨げない。但し，便利なために，これから離れることが困難となる繰ひがある。故に，これ等による指導に當つては，この點に注意して，なるべく早く暗算に移るやうに努むべきである。

2. 本章に屬する数計算の思考方法は，前記の如く一定したが，屢，注意したやうに，加法の交換法則を適用する方が有利な點もある。又，次のやうな方法も便利なものの一つである。

例へば，「8＋7」の如きは，8を5と3とに，7を5と2とに分解して計算する。これを式で示せば

$$8＋7＝5＋3＋5＋2＝5＋5＋3＋2＝10＋5＝15$$

これは，5が特殊の数であるために，比較的考へ易い方法である。かやうに種々の思考方法があり，随つて又，それぞれに適した教材排列が考へられる。故に，必ずしも本書の方法及び順序に從はねばならぬことはない。但し，最初に，兒童に最も自然で考へ易い方法・順序をとることに，十分の考慮を挿はねばならぬ。

3. 合成・分解によつて，数の構成を明らかにすることは，寄算・引算を速やかにする上に於て，非常に有利である。又，一方，寄算・引算によつて，数の構成は愈，明らかとなる。故に本章の計算を速やかにする意味に於て，10以内の数の構成を明らかにすることに努めると共に，本章の寄算及び次章の引算に於ては，11から18までの数の構成を明らかにするといふ意味を含めて取扱ふべきである。

4. 方陣の斜の方向の和が一定でない場合の例を次に示す。

3 2 6	2 4 6	3 6 4	4 8 2
7 1 3	9 2 1	2 4 7	3 2 9
1 8 2	8 3 2	8 3 2	7 4 3

4 10 1	8 5 2	1 6 9	2 9 5
7 3 5	6 2 7	10 2 4	6 3 7
4 2 9	1 8 6	5 8 3	8 4 4

5 3 9	3 6 8	7 2 8	6 9 3
7 4 6	9 7 1	10 2 6	7 3 8
5 10 2	5 4 8	1 8 9	5 6 7

8 7 4	4 8 7	9 6 5	5 9 6
6 3 10	6 4 9	8 4 8	7 4 9
5 9 5	9 7 3	3 10 7	8 7 5

緑表紙のとらえと本時

原題は「雑題（教師用書）」の中の１問である。「雑題」の位置づけについて教師用書では「これまでに取扱った数計算の適用を必要とするような実際の問題を掲げ，且，既習の計算を適用して出来る，三数の和を求めるものを掲げた。」としている。さらに原題については「三数を引続いて加える場合の計算を，興味あらしめるために，所謂三方陣をとって提出した。」としている。つまり計算の適応問題としての位置づけと，その関心を高める意図があるといえる。

まず，計算の適用問題という観点から見る。教師用書の備考では，なるべく早く暗算ができるようにすることを目的として，５の特殊性を意識して合成・分解することによって数の構成を明らかにし，加法の交換法則（例：$8 + 7 = \underline{5} + 3 + \underline{5} + 2$）の便利さを用いて，計算するよう指導することを促している。実際に，原題以外に「雑題」の中には５を用いた加法の題材が，６問中３問含まれている。このような流れで，最後に５の特殊性を活かした魔方陣を提示している。緑表紙の流れで学習を進めた子どもたちは，魔方陣においても３つの数の加法で５を用いた交換法則を実践していくと考える。さらに，その構造に５が関わっていることを発見できるだろう。

次に，子どもたちの関心・意欲を高めるという観点から魔方陣を見る。児童用書の発問は「（縦，横，斜めに）ヨセテ ゴラン ナサイ。」とあり，極めてシンプルであり物足りないように感じる。このような発問は，緑表紙ではよく見られる。一見物足りなくて不親切に見えるが，３つの数をたしてみて，いずれも15になるという発見を子どもたちにゆだねることで，子どもたちの驚きと，そこからの数学的な見方・考え方を基にした探究心が非常に高まるようになっていると考えられる。

森先生はこの部分をさらに高めている。まず，子どもたちにとって身近な遊びである輪投げを題材に，おとぎ話の要素を加えている。緑表紙の低学年の特徴でもある擬人化された生き物を登場させている点にも注目したい。次に原題では，縦，横，斜めにたすことを目的なく促しているが，本題では勝者を決定するために輪投げの集計をすることで，たすことの目的が明らかになっている。そして「３びきは勝負のことはわすれて『おもしろいことがおきた！』とわいわいさわぎ始めました。」とストーリーを展開することで，抽象化された数のおもしろさに気づかせるという工夫をしている。

原題では，本題で扱われた１から９までの三方陣の後に，２から10までの三方陣を扱っている。このように続けば，子どもたちは魔方陣の構造を理解するだけではなく「魔方陣をつくってみたい」という意欲をもって，活動を始めるだろう。この活動の中で，頻繁に数の合成・分解や交換法則を活用することで，知識・技能が高まると考えられる。加えて，平均の素地的な考えも身につけることができるだろう。例えば，４，５，６の並びを$5 - 1$，５，$5 + 1$とみた経験を利用して，１つの数を決めて，その数をもとに左右や前後の数に，同数をたしたり引いたりして，均された状態から総数を変えずに調整していくという活動である。その上で，１から９までと２から10までの三方陣はこの数の組み合わせしかないことに気づき，それならば，四方陣や五方陣はどうなるだろうと探究心と活動がさらに活発化するであろう。このことが森先生のいう「実践態度」ということになる。　　　（鈴木　純）

5の特殊性を活かした問題(1年下p.55, p.57)

（１）ウエキバチ ノ ウメ ノ 花 ガ，五ツ サキマシタ。ツボミ ガ セツ ツイテ キマス。ツボミ ガ ヒラク ト，花 ハ イクツ ニ ナル デセウ。

（２）オトシ デ，スズメ ヲ トリマシタ。キ ノフ ハ 六ハ，ケフ ハ 五ハ トリマシタ。アハセテ ナンバ トッタ デセウ。

（６）ホンバコ ノ 上 ノ タナ ニ，ホン ガ 五サツ，中 ノ タナ ニ 七サツ，下 ノ タナ ニ ハサツ アリマス。ミンナ デ ナンサツ アリマス カ。

2から10の三方陣（1年下p.57）

3	8	7
10	6	2
5	4	9

3年 間の数

ジグザグリレーをしよう！ コースは何mかな？

執筆者：熊本市立山ノ内小学校（作成時　熊本大学教育学部附属小学校）　篠田　啓子

　　ジグザグリレーをします。校庭に右のような円をかき，円の直径に直線をひきました。コース上に置かれたコーンをジグザグによけながら走ります。

(1)　円のまわりのコースにコーンを10本置きます。コーンの間は5mずつあけます。円のまわりの長さは何mでしょう。

(2)　直線のコースにコーンを5本置きます。コーンの間は4mずつあけます。直線は何mでしょう。

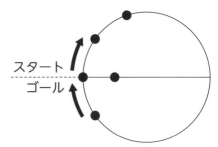

🔍 図を用いる大切さを実感する！　間の数を考えよう。

　本題で扱う植木算では，直線上や円周上にあるものの数とその間の数に着目し，図を用いて場面を整理することで，きまりを発見することや関数的な見方を養うことをねらいとする。

　子どもたちは，これまでに，数量の関係に着目し，図を用いて表すことで，計算の意味や計算の仕方を考える経験をしてきている。例えば，1列に並んだものの数を求めたり，順序を求めたりする場合，図を用いて表し，問題解決にあたっている。また，加法や減法の学習の中でも，加数が1ずつ増えていくと答えが1ずつ増えていったり，減数が1ずつ増えていくと答えが1ずつ減っていったりするなど，関数的な見方を養ってきている。本題では，そのままの状態では見えにくい，ものの数とその間の数の関係をとらえるために，図を用いて表すことで，2つの数量の関係に着目し，問題解決にあたってほしいと考える。

　植木算では，直線上に並んだ場面と円周上に並んだ場面を別々に扱うことが多い。本題では，この場面を一緒に扱うことで，ものの数とその間の数の関係を明らかにすることだけに留まらず，直線上に並んだ場合と円周上に並んだ場面を比較し，違いを明らかにすることができると考える。また，扱う順序としては，直線上のものの数とその間の数を求めた後に，円周上のものの数とその間の数を求めることが多く見られる。本題では，円の場面を最初に扱うことで，文章中の数値をそのまま扱い立式し解決できると考えた子どもたちが，その方法を同じように直線の場面に適用したとき，文章中の数値を使い立式するだけでは解決できないと気づくことができる。そして，なぜ，円周上と直線上ではこのような違いがあるのかを考えていくだろう。ここで大事なのは，円周上にあるものの数と間の数が等しいことである。これは，図をかいたり，実際にものを並べたり，動かしたりすることで，確かめさせるようにする。直線の場合も同じように確認させる。

　本題では，子どもたちに，円周や直線の長さを求めたいという思いをもたせるために，問題場面として体育で行うジグザグリレーを扱うこととする。

　なお，本題は，ものの数とその間の数だけでなく，直径と円周の長さの関係性にも気づくことができる問題である。5年の「円周率」での学習の後に扱うことも可能である。

用意するもの	問題場面の図

📖 **授業展開** ← 本時は3年の学年末に位置づける。

1 問題を把握する。

Ⓣ ジグザグリレーをします。
コーンに当たらないよう
に，ジグザグに走るよ。
スタートから1周走って，
同じ所にゴールします。

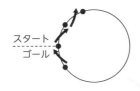

コーンは5mおきに，10本あります。コースは
何mあるでしょう？　コーンからコーンまでの長
さから考えましょう。

Ⓒ どのぐらいの長さがあるのかな？

Ⓒ 式でできます。5×10＝50。答えは50mです。

Ⓣ どうして5×10にしたのですか？

Ⓒ コーンが10本あるから，コーンとコーンの間は
10あるでしょ。5mの10個分だから，5×10です。

**2 式で求めた答えが合っているかを，図を用いて表
し確認する。**

Ⓣ 図にかいて確かめてみよう。

Ⓒ 確かに，10あるね。

Ⓒ コーンの間はコーンの数と
同じだね。

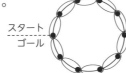

Ⓒ コーン1本と5mの1つ分をセットにして数える
といいね。

Ⓒ やっぱり，5mの10個分で合っているね。

Ⓒ 50mと同じ長さだね。

Ⓒ ジグザグに走るから，50m走より少し時間がか
かるかもしれないね。

Ⓣ 円の周りのコースは50mですね。では次は，直
線のコースです。コーンの数は5本で，コーンと
コーンの間は4mです。ここがスタートで，反対
側で折り返して，
ここがゴールです。

・ジグザグリレーは，直線上や円
周上にコーンを設置し，コーン
に当たらないようにジグザグし
ながらコースを走ってバトンを
つなげていくリレーである。こ
の問題を行う前に体育などで行
っておくと，問題場面をイメー
ジしやすくなる。

Point 学びを深めるポイント

図では，コーンを全部かくの
ではなく，3本程度にする。
コーンの数と間の数は見ただ
けではわからないので，子ど
もたちが自ら問題に働きかけ
るようになる。

Point 学びを深めるポイント

式だけで求めている場合は，
「本当に5×10でよいのか」と
問うことで，図を用いて表し，
答えが合っているかどうかを
確認させる。

・子どもの発言から，上図のよう
に，コーン1本と間の数をセッ
トとし，1対1対応で考えてい
ることがわかる。

Point 学びを深めるポイント

図を用いて問題場面をイメー
ジさせることで前場面との状
況の違いを明らかにする。

Ⓒ 結構走るね。

Ⓒ どれぐらいの長さなのかな？

直線のコースの長さを求めましょう。

Ⓒ さっきと同じように，式で求められるよ。

Ⓒ 4mの5個分だから，4×5＝20。答えは20mです。

3 式で求めた答えが合っているかを，図を用いて表し確認する。

Ⓣ 図で確かめてみよう。

1本あまる

Ⓒ あれ？ 何か違うよ。

Ⓒ 本当だ。間の数が違う。

Ⓒ 図に表すと，間の数が4つしかないよ。

Ⓒ ということは，4mの4つ分だから，4×4＝16。
答えは16mだね。

Ⓒ さっきはコーンの数と間の数が同じだったのに。

Ⓒ コーン1本と間の数1つをセットで考えていくと，
コーンが1本あまるよ。

Ⓒ どうして，さっきと違うのだろうね。

4 円の場合と直線の場合を比べて考える。

Ⓣ 円と直線のときは違うという意見が出ていますね。
何が違うのかな？

Ⓒ 円のときはコーンの数と間の数が同じだったけど，
直線のときはコーンの数より間の数が1つ少ない。

Ⓣ 直線のときは，コーンが9本あったら，間の数は
いくつあるの？

Ⓒ 8つある。

Ⓒ 直線を円のようにまるめたら，スタートとゴール
にコーンがあるから，その間ができるよ。

Ⓒ どういうこと？

Ⓣ じゃあ5人の人にコーンになってもらい，コース
は手をつないで表してみよう。

Ⓒ それだとわかりやすい。まっすぐに並んでいると
きは，人数より間の数が少ないけど，

両端の人がまるくなって手をつないだら、人数と間の数が同じになる。

C 円のときはコーンの数とその間の数が同じだけど、直線のときは、コーンの数の方が間の数より1つ多いんだね。

5 円の場合と直線の場合で、コーンの数やその間の数の関係性を言葉の式で表す。

T 今日わかったことを、言葉の式に表せますか？

C 円は、コーンの数とその間の数が同じ。

C だから、長さを出すときは、「間の長さ×コーンの数」でできる。

C 直線の間の数はコーンの数より1少ない。だから、長さは「間の長さ×（コーンの数−1）」で出る。

6 コーンの数が増えた場合を考え、関数的な見方を養う。

T もし、コーンの数が増えたらどうなるのかな？

C コーンの数が増えても、この式でわかるよ。

C 例えば、コーンが12本だったら、円のときは、間の長さに12かけるけど、直線のときは、間の長さに11かけると、全部の長さが出てくるよ。

Point 学びを深めるポイント

言葉の式に表すことで、一般化して考えようとする態度を育成するとともに、関数的な見方を養うことができる。

Point 学びを深めるポイント

本題は植木算の学習になるが、5、6年には以下のような発展的な問題を出すこともできる。「コーン5本で2つの円をつると間の数はいくつできますか。また、この円が増えていくとどうなるでしょう」

第3章

3 年

間の数

本時の板書

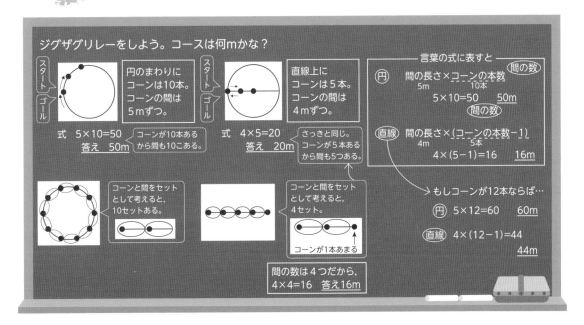

71

ビフォー

アフター

[コウエン]

（1）　コウエンニ圓イ池ガアツテ,ソノマハリニ,ヤナギノ木ガ十本ウエテアリマス。ヤナギノ木ノ間ハ,ドコモ五メートルヅツアリマス。池ノマハリハ,何メートルクラキデセウ。

（2）　池ノマン中ヲ通ル橋ガアリマス。橋ノ兩ガハニハ,テスリガアツテ,ソノハシラガ,二メートルゴトニ立ツテキマス。ハシラノ數ハ,カタ方ニ十本アリマス。橋ノ長サハ,ドレクラキアルデセウ。

ジグザグリレーをします。校庭に下のような円をかき,円の直径に直線をひきました。コース上に置かれたコーンをジグザグによけながら走ります。

(1)　円のまわりのコースにコーンを10本置きます。コーンの間は5mずつあけます。円のまわりの長さは何mでしょう。

(2)　直線のコースにコーンを5本置きます。コーンの間は4mずつあけます。直線は何mでしょう。

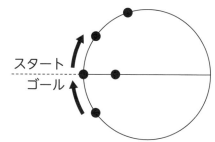

スタート
ゴール

第3章

3年
間の数

緑表紙教師用指導書

第３学年教師用　上　pp.57-58

5. 公　園（19-20）

　本項は,公園を題材として,廣く既習計算の活用をはかるものである。加減乗除の基礎的計算は,絶えず練習させて,これに習熟させることが必要である。この練習の機會を與へることが,本項を設けた理由の一つである。

　兒童用書の問題について説明を加へて置く。

（1）　圓形の池の周りに植ゑてある柳の木の相互の間隔と,木の數とから,池の周圍の長さを計算するもので,

　　5×10

で求められることは,言ふまでもあるまい。

　此處に注意すべきは,圓周上に物が並んだときに,その物の數と間隔の數とが等しいことである。これは,上のやうに圓を書いて理解させ,又,實際の物を並べて見て,確めさせるがよい。この點は,次の直線上に並んだ場合と比較するがよい。

　尚,柳の木の間隔から上のやうにして計算した長さが正確に池の周圍の長さとはならない。柳の木が,ちやうど水際に植ゑてないかも知れぬこと,木と木との間隔では,木の直徑が計算に入るか入らないか明らかでないこと,木と木との間隔を直線距離ではかつては,圓の周圍が出ないこと等の難點がある。しかし,この問題では,さうやかましく考へる必要はない。實際の池に完全な圓形のものがあるわけでなく,精密にすることが却つて正しくない。

　本問題のやうな場合は,上の計算の仕方で十分であつて,これが實際の目的にかなふし,又,かやうな問題から圓の周圍に注意をさせ,次第に精密な測り方に進む段階とするといふ意味に考へて指導すべきである。

（2）　橋の手摺の柱の間隔と柱の數とから,橋の長さを計算するもので,

　　2×9

で求められることは,言ふまでもあるまい。

　此處に注意すべきは,柱の數とその間隔の數との關係である。間隔の數が,柱の數よりも１だけ少ないことは,考へただけでは,兒童にわかり難いであらうから,上に示したやうに,繪によつて明らかにさせるがよい。この種の問題は四則應用問題の植木算として從來取扱はれたものである。此處でこの種の計算方法を一般的に指導しようとするのではない。從來の如く,問題を類型によつて分類し特種の算法を適用することを練習させて,問題解法の技術的訓練をするやうなことは,本書の探らないところである。事實或は構想の問題を,内容に即して考察し,此處に含まれる數理を見出し,適當な處理をすることの指導をなさんとするのである。勿論,その中に含まれる數理が抽象化され一般化され,それが他の場合へ適用せられるに至ることは,大いに望ましいことである。しかしこれは,繰返しての經驗に基づいて自然に此處に至らんことを期すべきである。本問題では,實際に即して柱の數よりも間隔の數が一つ少いことを認めさせて,橋の長さを算出し得れば十分である。

原題について，教師用書では「公園を題材として，広く既習計算の活用をはかるものである。」と目的を示し，加減乗除の習熟の機会としている。緑表紙の前の教科書，黒表紙では計算の修練のための応用問題として文章題があったが，その内容は現実から乖離する傾向があった。なぜなら，文章問題はあくまでも計算の応用であるというとらえがあったからだ。しかし，原題では公園を題材にすることで，身近な日常事象から考えられるようにしている。

　次に注目したい点は，原題は単純な計算問題ではなく，植木算の内容であるということである。柱や木の数とその間の数の関係を意識する問題でもある。緑表紙が，関数を大切にしていることがこの点からも伺える。教師用書では池の円周，橋の直線のいずれについても，図をかいたり，実際にものを並べさせたりして理解させるとよいとしている。緑表紙の時代においては，教師からの教授という形が多かったため，このように指摘されているが，現代では，子どもたちの問題解決において，自ら図をかいたり，ものを置いてみたりして考えられるように促すとよいだろう。篠田先生はこの点を意識している。問題提示において，ジグザグリレーの一部の図を見せることで，その先の図を子どもたちが自らかきたくなるような工夫を施している。

　植木算を一般的に指導する際には，最初に直線のパターンを行って，次に円周のパターンを行う。またはその逆，というように，別々に問題提示をすることが多いと感じられる。本題では，その2つが同時に存在することで，子どもたちにとって，2つの場合の違いを意識して比較できるように設定されている。

　日常事象を題材に取り入れるには，問題解決をする上で，情報の取捨選択が必要となる。教師用書では，木の直径を加えなければ正確な円周にならない（橋の長さも同様）としながらも「この問題では，さしてやかましく考える必要もない」としている。問題の意図が何なのかによって取捨選択される情報は異なる。この原題では，閉じられた円のような形と直線の形では柱や木と間の数が異なるということを重視しているので，柱や木の直径の情報は捨てて焦点を明らかにするというねらいがある。教師用書でも指摘されているが，この点から考えると，池も円である必要もないのである。さて，篠田先生の問題においては題材を「ジグザグリレー」に改題している。この題材については，原題の池と橋以上に身近な題材として取り扱うことができる。実際に校庭にコーンを置いて考えることも可能である。一方で，ジグザグリレーの場合，コーンをS字で走っていくことになるので，間の長さより走る距離は長いと考える子どもも多いだろう。そこで，問題提示の段階で，この点は考えなくてよいという共通理解を図る必要がある。

　緑表紙では，扱われる題材の中にほかの学年や単元につながる内容を内在していることもある。先に，原題は，柱や木と間の数を考えることが重視されていると述べたが，教師用書では「池の周囲は橋の長さの大凡三倍であることを知らせるがよい。」と記載されている。この目的を踏まえて，題材は円形の池なのである。篠田先生も直径と円周の関係の素地となる内容があることは認めているが，本実践では目的を植木算に焦点を当てている。しかしながら，直径と円周の関係についても拡張の余地を残している。原題では，池の直径が18m，円周が50mであり，円周率は約2.8であるが，篠田先生の問題では，直径が16mで円周が50mに設定されているので円周率は約3.1となっている。題材がジグザグリレーということもあり，実際に走ってみて直径と円周の差を実感する体験があってもよいだろう。今後，直径と円周の学習をする上での素地的体験ともなると考える。

（鈴木　純）

円周における木と間の関係

直線における柱と間の関係

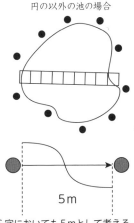

円の以外の池の場合

5m

S字においても5mとして考える。

3年 時刻と時間
どれだけかかるのかな？

執筆者：啓明学園初等学校　神保　祐介

稲城から博多まで旅行します。

友だちが出発時刻ととう着時刻を調べてくれたのですが，

それぞれどの乗り物の時刻なのかわからなくなってしまいました。

新幹線	ひこうき	バス

（あ）	（い）	（う）
9時20分　12時10分	8時　11時	9時20分　2時30分

正午や日をまたぐ場面を考察することで，時刻や時間についての理解を深める。

3年の時刻と時間では，次のことを学習する。

① ある時刻から一定時間経ったあとの時刻を求める

② ある時間と，経過後の時刻から，はじまりの時刻を求める

③ ある時刻と時刻の間の時間を求める

　本題で扱うのは③である。この問題を考える場面で用いられるのは減法である。例えば，午前8時50分から午前11時30分までの時間を求める問題であれば，11時30分－8時50分＝2時間40分という計算となる。また，時刻や時間を数直線に表すことや，ちょうどの時刻をもとにするという考え方も身につけさせたい。午前9時を基準としてそこまでが10分，そこからが2時間30分だから合わせて2時間40分と求める考え方である。このような数値設定では，筆算で求めた方が簡潔であり子どもたちはあまり数直線を用いて考えを説明しようとはしなかった。

　緑表紙では，東京発大阪着の列車について考える問題がある。特別急行列車，普通列車，急行列車それぞれの発車時刻と到着時刻が与えられ「下ノ表デ，考エツイタコトヲ言ッテゴランナサイ。」と，問う。興味深いのは「特別急行列車」と「普通列車」である。特別急行列車は，午前9時に出発し，午後5時に到着する。正午を越えて時間を求める問題である。また「普通列車」は9時15分に出発し，10時50分に到着する。一見，とても早く着くように見えるがそれぞれが午前9時15分と午後10時50分であるため実際にかかる時間は，13時間35分である。子どもたちにとって「午前8時に登校して，午後3時に下校する」「遠足で午前9時に集合して午後2時解散」といったように，正午を越えて時間を求める場面は身近にある。本題では正午を越える問題に加え，日をまたぐ問題についても扱う。計算自体は既習であるため，子どもたちは筆算などを用いて求めることができるが，出発から到着までの過程の情報が出てきた時に，自分たちが出した結果に違和感を覚える。そこで，場面を振り返り，数直線で表したり，ちょうどの時刻（正時）をもとにして考えたりしたくなる。自分の考えを整理する際や，説明し合う場面で自然と既習を活用する場面をつくりたいと考え，このような問題と教材を設定している。

用意するもの	封筒，メモ，日本地図，時間の数直線

📖 **授業展開** 　本時は「時刻と時間」の学習後に，活用として行う。

1 問題を把握する。

🅣 今度の休みに，稲城から福岡県の博多まで旅行をします。何に乗って行けるかな？

🅒 飛行機や新幹線でも行けるね。

🅣 あと，高速バスで行く行き方もあります。
　友だちが，稲城から博多までの出発時刻と到着時刻を調べてくれました。（封筒からメモを出す）

しんかんせん 新幹線	ひこうき	バス
（あ） 9時20分　12時10分	（い） 8時　11時	（う） 9時20分　2時30分

🅣 それぞれが，どの行き方なのかメモになくてわからなくて困っているのです。先生は，新幹線で行きたいのですが，どれが新幹線なのかな。

🅒 どれだけ時間がかかるのか計算すればどの乗り物なのかがわかりそうだよ。

🅒 そうか。いちばん早く着くのが飛行機で，2番目が新幹線，3番目がバスじゃないかな。

🅣 なるほど。じゃあ，計算すればどれが新幹線なのかがわかりそうなのですね。

🅒 はい。

🅣 では，今から何をするのですか。

🅒 それぞれ，どれだけ時間がかかるのか計算してみる。

🅣 そうですね。ではまず，計算してみましょう。

2 それぞれの行き方がどれだけかかるのかを調べる。

🅣 どれだけかかるのか計算できましたか。

・家族旅行の計画を立てるなど生活場面につなげて導入を進める。

・子どもたちの住んでいる地域を考慮して場所を決めるとよい。

・博多に旅行に行ったことがなくても，今までの経験から，旅行でどこかに行くときどんな行き方があるかを子どもの発言から取り上げていく。

 緑表紙からのメッセージ

ここで提示する時刻には午前と午後が書かれていない。あえてここでは明記しないことで，あとで(い)のバスで行く場合の時間が何かおかしいことに気づき，子どもが自ら問いをもつきっかけをつくることができる。

Point 学びを深めるポイント

細かい時間はまだわからなくても，生活経験上どの乗り物が早く着き，どの乗り物が遅いかを考えることで計算後に比較する際に役に立つ。

Point 学びを深めるポイント

今から自分たちがすることをもう一度確認することで，クラス全体の活動のスタートラインを合わせることができる。

第**3**章

3年

時刻と時間

C （あ）を数直線を使って考えました。

C 9時20分から正午までが2時間40分で，あと10分だから，2時間40分＋10分＝2時間50分です。

C （い）は11時−8時＝3時間です。

C （う）は，2時30分を14時30分だと考えて計算します。14時30分−9時20分＝5時間10分です。

C （あ）が飛行機，（い）が新幹線，（う）がバスだな。

3 メモを手がかりにして自分たちが出した結果を再検討する。

T あれ？　まだほかにもメモが入っていました。

C なんて書いてあるのですか。

T こんなメモです。

> （あ）稲城駅→東京駅→羽田空港→福岡空港→博多駅
> （い）稲城駅→バスタ新宿→博多バスターミナル
> （う）稲城駅→東京駅→博多駅

C あ，やっぱり（あ）は飛行機だね。

C あれ？　でも，（い）はバスターミナルって書いてあるからバスなんじゃない？

C （う）は東京駅を通っているから新幹線だね。

T なるほど，確かにそうですね。

C あれ？　博多までバスだと3時間で着くのかな？

C メモが間違っているんじゃないかな？

T 確かに，バスだと3時間で博多までは着かないよね。でも，友だちのメモには出発時刻が8時で到着時刻が11時と書いてありますね。

C あ！　わかった！　もしかしたらこの11時は夜かもしれない！

T それって，どういうことですか。

C もし午前8時だとしたら，11時は午後ということ。11時を23時と考えて，23時−8時＝15時間です。

C 先生，ほかの可能性もあります。もし午後8時だとしたら，11時は午前になります。

T え？　どういうことですか。

C わかった！　日付が変わるんだね。

Point 学びを深めるポイント

数直線を用いて考える方法が出てこなかった場合は，こちらから提示する。

・（う）の所要時間を求めたときに，（あ）（い）に疑問をもって振り返ろうとする子どもがいる。

・子どもたちは24時制について日常生活で既に見聞きしており，計算の際にもその考え方を使うと便利であることに気づいている。

Point 学びを深めるポイント

乗り物を明記するのではなく，出発から到着までの過程を記載することで子どもたちが主体的に場面を読み解こうとする態度が生まれる。

・子どもたちが2つ目のメモのどの言葉を根拠に考えているのかを問い返すようにする。

・バスが3時間ということのおかしさに子どもが気づけなかったときは，ほかの乗り物との比較で気づけるようにする。

・この段階では，発着時刻の違和感を理解できていない子どもが多くいるはずである。子どもに聞き返すことで，発言を広げ理解を深めたい。

・（う）の所要時間を求めたときに，（あ）（い）に疑問をもった子どもの考えをここで取り上げる。

Point 学びを深めるポイント

友だちが気づいたことを近くの人とともに考える時間を取り，理解を深める時間としたい。

© もし午後 8 時が今日だとしたら，午前11時は明日ということ。数直線で考えればわかりやすいよ。

© 午後 8 時から夜中の12時までが 4 時間で，そこから11時間だから， 4 ＋11で15時間になるね。

© どちらでも，15時間は変わらないね。

⊤ それぞれどのメモがどの乗り物かわかりましたね。

© （あ）が飛行機で 2 時間50分。（い）がバスで15時間。そして，（う）が新幹線で 5 時間10分です。

4 まとめをする。

⊤ ありがとう。新幹線のメモがどれかわかりました。バスは，日付が変わるかもしれないのですね。

© 日付が変わる計算はしたことがなかった。けれど，正午を越える計算と同じ考え方でできたね。

Point 学びを深めるポイント

児童の「もし～だったら…」という場面を仮定した考え方は重要である。このような言葉が出た際は，価値づけていく。

Point 学びを深めるポイント

既習との違いに焦点をあて，「何が新しかったか」「何が今までと同じか」と自分の学びを客観的に振り返ることができるようにする。

本時の板書

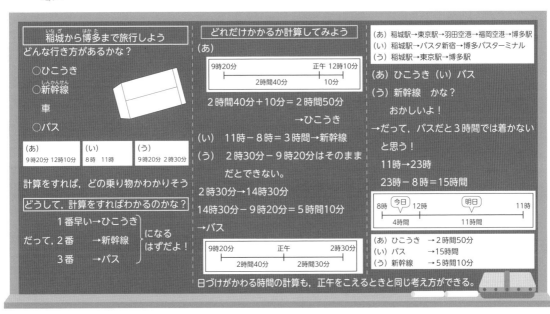

（9） 下ノ表デ,考ヘツイタコトヲ言ツテゴランナサイ。

	東 京 發	大 阪 着
特別急行列車	午前 9 時	午後 5 時
普 通 列 車	9 時 15 分	10 時 50 分
急 行 列 車	10 時 30 分	8 時 38 分

稲城（いなぎ）から博多（はかた）まで旅行します。

　友だちが出発時刻ととう着時刻を調べてくれたのですが，それぞれどの乗り物の時刻なのかわからなくなってしまいました。

新幹線（しんかんせん）

ひこうき

バス

（あ）	（い）	（う）
9 時 20 分　12 時 10 分	8 時　11 時	9 時 20 分　2 時 30 分

緑表紙教師用指導書

第 4 学年教師用　上　p.236

九番

　列車の時刻表の簡單なものについて考察させる問題である。

　次のやうな諸點に考を向けるやうに指導すべきである。

（1）東京から大阪まで,汽車で何時間で行くことが出來るか。

　　（イ）　特別急行列車

　　（ロ）　普通列車

　　（ハ）　急行列車

（2）發着時刻の比較

　　（イ）　特急は急行よりもどれだけ早く發車してどれだけ
　　　　　早く着くか。

　　（ロ）　特急は普通よりもどれだけ早く發車してどれだけ
　　　　　早く着くか。

　　（ハ）　普通は急行よりもどれだけ早く發車してどれだけ
　　　　　遲く着くか。

（3）三列車の所要時間の比較

　　（イ）　特急と急行

　　（ロ）　特急と普通

　　（ハ）　急行と普通

3年　時刻と時間

緑表紙のとらえと本時

　原題は，緑表紙4学年上児童用の最終ページに掲示されている「イロイロナ問題」の中の1つである。「イロイロナ問題」について，教師用書では「これまでに指導した事項を実際の場合に活用させ，かつ，数理的考え方，処理の仕方を指導せんとするものである。」と目的を示している。これまでに指導した事項は4年で学習した内容に加えて，それ以前の既習事項や発達段階に応じた生活体験が含まれる。

　神保先生はこの意図を汲み取り，現代に合わせてアレンジしている。また「稲城」をスタート地点とし，子どもたちの住んでいる地域からスタートすることで，身近なところでの時刻と時間の計算の題材にしている。本実践を行う際には，学習する子どもにとって身近な場所を起点とするとよい。また，ある程度のリアリティを加えることを神保先生は行っている。実際に旅行するときに，飛行機と新幹線での所要時間を検討する際には，空港や駅までの時間，出発までの待ち時間を考慮しなければならない。すべての要素を加えると煩雑になるが，本題ではメインになる交通機関以外のサブの交通機関も加えているので，より身近に感じるところだろう。

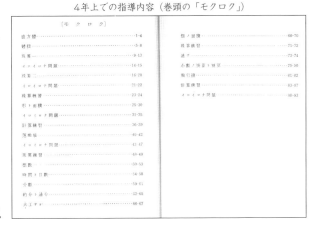

4年上での指導内容（巻頭の「モクロク」）

　原題について教師用書では，東京から大阪までの各列車での所要時間を求められるか，各列車の発着時刻の比較，各列車の所要時間の比較について考えられるように指導することを促している。その過程で注目することになるのが，普通列車と急行列車の所要時間をどの様に読み取るかである。原題は非常にシンプルで「下ノ表デ，考エツイタコトヲ言ツテゴランナサイ。」としか述べられていない。緑表紙には，このように一見不親切に見える発問や情報過多，情報不足といった問題が多く存在する。現代の教科書では見られないことである。この不親切にも感じる発問は，教師にとって扱いづらく感じることもあるとは思うが，子どもたちの主体性を活発化させることにもなる。また，情報過多であれば，情報を精査しなければならず，情報不足であれば，自ら情報を加えるか，仮説を立てるかということになり，子どもたちの活動の幅は増えて考えも深まる。

　本題では，午前と午後の表記がないという情報不足がある。原題では特別急行列車についてのみ午前と午後の表記があって，子どもたちが考えるための足がかりになる。神保先生の本題では，午前と午後の表記が全くないところからスタートしている。しかし，3つの発着時刻を見ると（う）に違和感をもてるように設定している。原題では，きりのよい時刻の発着（特別急行列車）を最初にもってきているが，午前，午後の表記がありわずかだがシンプルに見えない。本時では，（あ）（う）の出発時刻がそろ

原題		
特別急行列車	午前9時	午後5時
普　通　列　車	9時15分	10時50分
急　行　列　車	10時30分	8時38分
本題		
（あ）（飛行機）	9時20分	12時10分
（い）（バス）	8時	11時
（う）（新幹線）	9時20分	2時30分

っている上に，きりのよい発着時刻である（い）を中央にもってきている。この配置によって，残りの2つと比較しやすくしているといえる。原題では縦並び，本題は横並びといった違いはあるが，それぞれ小さな工夫が活かされている。そして，本題において（あ）（い）（う）の所要時間を求める過程で，（う）に違和感をもつことで，（あ）（い）を振り返る活動につながる。さらに（い）がバスであることから午後8時に出発する深夜バスの可能性を発見することができる。しかしながら実際に求めてみると，午前8時出発と午後8時出発のどちらの場合も所要時間は変わらないというおもしろさを感じ取ることができるだろう。本題では，最初から3つの発着時刻を提示しているが，最初は（う）を掲示しないで，（あ）（い）のみで乗り物を検討させたところで（う）を見せる方法もある。子どもたちは驚き，再検討を楽しむだろう。　　　（鈴木　純）

3年 二等辺三角形と正三角形
どんな形が見えるかな？

執筆者：熊本市立山ノ内小学校（作成時　熊本大学教育学部附属小学校）　篠田　啓子

構成要素に着目し，図形に対しての理解を深める。

⑴　図を見てみよう。どんな形が見えますか？　　⑵　ほかにも形は見つかるかな？

①   ②

最初は①のように枠の部分だけを見せる。
その後，上に貼っている紙を一枚剥がし，
②の形を見せる。

三角形がたくさんあるけど……ほかにも形が見えてきたよ！

　3年では，三角形について「2つの辺の長さが等しい三角形を二等辺三角形」「3つの辺の長さが等しい三角形を正三角形」ということを学習する。さらに，これらの図形を中心に，直角二等辺三角形についても学習する。本題は，この学習の発展として，図形に親しめるような1時間を設定する。そのため，主に2つの手だてをとる。

　1つ目は，子どもたちが自然と正三角形の構成要素に着目し，図2の模様の中から正三角形を見つけ出すための手だてである。まず，授業導入では図1を提示し「どんな形が見えるかな？」と問うた後に，1枚めくって図2を提示する。ほとんどの子どもたちが「9個の正三角形」と答える中で「もっとたくさん見えるよ」と気づく子どもが出てくるだろう。このようなやりとりの中で，なぜ正三角形といえるのかを説明し始める子どもの姿が見られる。さらに，正三角形を重複して数えないような工夫をする姿も見られる。

　2つ目は，正三角形以外の図形にも目を向け，それらの図形の構成要素に着目させるための手だてである。図2で正三角形を見つけた子どもたちに，次は図3を提示する。図形が広がることで，正三角形だけでなく，違う形にも目を向けることができる。そこで「図3の模様の中に違う形も見えるかな？」と問うことで，図3の模様を構成している，未習の台形や平行四辺形，そのほかの形にも気づくことができる。このように正三角形だけでなく，いろいろな形にも目を向けることで，そのほかの形の特徴や性質に気づき，図形の感覚を豊かにすることができる。

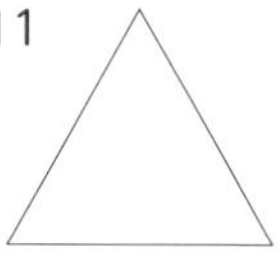

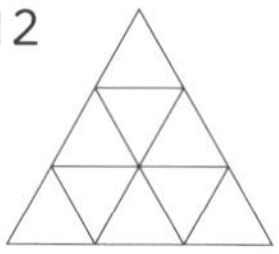

　本題では，正三角形が敷き詰められた模様の中から図形を見つける活動を通して「同じ模様を見ているのに，どうして正三角形の数が違うのかな？」「この模様の中に，どんな形が隠れているのかな？」など，子どもが自ら問いをもち，目の前の図形に働きかけることが重要である。また，敷き詰め模様のおもしろさを感じられる点も重視している。

図1

図2

図3

第3章

3年
二等辺三角形と正三角形

用意するもの　正三角形を敷き詰めた模様（掲示用と児童用）

📖 **授業展開**　本時は，二等辺三角形・正三角形の
学習後の発展として行う。

1 **図1から，どんな図形が見えるかを考える。**

Ⓣ どんな形が見えるかな？

Ⓒ 三角形です。

Ⓒ 正三角形です。

Ⓣ なぜ正三角形だといえますか？

Ⓒ 全部の辺の長さが同じだから。

図1

2 **図2から，どんな図形が見えるかを考える。**

Ⓣ じゃあ，これはどうかな？

Ⓒ 正三角形です。

Ⓣ 何個見える？

Ⓒ 9個です。

Ⓒ え？　それより多いよ。

Ⓒ どうして？

Ⓒ これも正三角形じゃない？

Ⓒ あ！　本当だ！

Ⓒ じゃあ，まだあるよ。
　 かかないとわからない。

Ⓒ かきこみたいです。

Ⓣ じゃあ，みなさんにも，この形がかいてあるプリ
　 ントを配りますね。

図2 1cm

図2へのかきこみ

　正三角形はいくつあるでしょう。

Ⓒ 大きさの違う正三角形があるから，それを全部数
　 えなくちゃね。

Ⓒ いちばん小さい1辺が1cmの正三角形は9個で，
　 1辺が2cmの正三角形は3個だよね？

Ⓒ うん，合っている。

Ⓒ 1辺が3cmの正三角形は1個しかないね。

Ⓒ 全部合わせたら，9＋3＋1＝13。全部で13個
　 もあったんだね。

Ⓒ 正三角形がたくさんあったね。

Point 学びを深めるポイント

なぜ正三角形といえるのかを
問うことで，構成要素に着目
させ，図形の性質や特徴を根
拠とし，正三角形であるとい
うことを述べられるようにす
る。

・最初から図2を提示するのでは
なく，図1を見せることで，正
三角形という形に着目させる。
そして，図1の下に隠れている
図2を提示する。図2を見て，す
ぐに「9個」と言う子どもと「も
っとあるよ？」と言う子どもが
出てくると考えられる。子ども
の考えにずれが生じることで，
4つの正三角形で構成されてい
る一回り大きな正三角形にも目
を向けさせることができる。

緑表紙からのメッセージ

正三角形の数を数えさせるが，
子どもは，最小の正三角形の
みを数えて満足するだろう。
それ以上の大きさの正三角形
に気づくことができない場合
は，大きい正三角形が考えら
れはしないか問い，いくつか
の種類の大きさの正三角形を
見つけさせる。

Point 学びを深めるポイント

大きさ（正三角形の1辺の長
さ）ごとに，数を明らかにし
ていく。

3 **図3から，どんな図形が見えるかを考える。**

Ⓣ 実は，まだこの形には続きがあるんだよ。

Ⓒ え！ 下まであるの？

Ⓒ だったら，もっと正三角形があるよ。

Ⓒ その形も欲しいです。かいて考えたい。

図3

Ⓣ では，この形のプリントも配りますね。

Ⓒ いちばん小さい正三角形は数えればわかるね。

Ⓒ 間違えないためには，数えたものに印をつける。

Ⓒ さっきみたいに，大きさごとに何個あるか数えていけばいいんじゃない？

Ⓒ じゃあ，いちばん小さい三角形は24個だよね。

Ⓒ いちばん大きな三角形は，反対側にもあるから，2個だね。

Ⓒ いや，もっとあるよ。

Ⓒ 本当だ。そこは気づかなかった。ちゃんと見ないとだめだね。

図3へのかきこみ

Ⓒ 1辺が2cmの三角形は，12個あるよね。合っているかな？

Ⓒ じゃあ，全部で正三角形は，40個あるね。

Ⓒ 正三角形だけで，きれいな模様ができるね。

Ⓒ でも，この形は四角形になっているね。

Ⓒ 四角形もあるんじゃない？

4 **模様の中に正三角形以外の図形がないか見つける。**

Ⓣ 四角形が見えると言った人がいるけど，この模様の中に，ほかの形は見えるかな？

Ⓒ あ，見える。なんか，長い四角形が4つあるよ。

図3へのかきこみ

Ⓒ え？ どこにある？

Ⓒ きれいに敷き詰められているね！

Ⓒ ほかにも，形がありそうだよ。

Ⓒ もっと長い四角形もあるよ。

・図2の図形を広げて，図3を提示することで，図2の図形のときに見出したことを活用しようとすることができる。

・かきこんで考えたいという子どもの発言が出たら，図2のときと同様に，図形がかかれたプリントを配布する。一人で何枚も使用したい場合も出てくると考えられるので，多めの枚数を準備しておくようにする。

・重複して数えないように，数えたものに印をつける工夫をするなど，これまでに学習したことを使おうとする子どもの姿が見られる。

・「反対側にも……」と模様の向きを変え，図形を見つけている。このような発言を取り上げ，全体の前で向きを変えることで，ある方向からだけでなく，自由に向きを変え，図形を見られるようにする。

Point 学びを深めるポイント

最初に見つけた位置にある正三角形は見つけやすいが，少し位置がずれたところにある正三角形は見落としやすいので，図1の大きさの正三角形を枠のみでつくったものを準備しておき，それを動かしていくことで，気づけるようにする。

図1

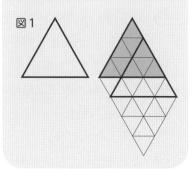

C これもきれいに並んでいるね。
これは3つだ。

C そしたら，短い四角形もある。

C この四角形は12個もあるね。

C 大きな四角形もいいの？
2つあるよ。

C 四角形もたくさん見つかったね。

C この四角形でもできそうなんだけど。なんか，山みたいな形の四角形。

C きれいに敷き詰められているかな？　かいてみよう。

C 向きはバラバラだけど，全部山みたいな四角形になった。

T こんなのは，どうかな？

C え？そんな形は，もうほかにないでしょ？

C ちょっと待って。ありそうだよ。

C すごい。ぴったりあるね。

C たくさんの形がぴったり敷き詰められていたね。

図3へのかきこみ

図3へのかきこみ

図3へのかきこみ

・4本の直線で囲まれている図形が四角形だという学びを活用し，未習の平行四辺形を見つけることができる。

・見つけた平行四辺形をもとに，ほかの大きさの平行四辺形を探す子どもたちの姿が見られる。

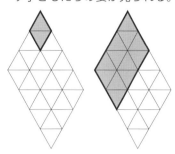

・台形は未習のため，子どもの表現した言葉で扱う。子どもの発言から，どの図形も敷き詰めであることに注目できるよう促す。

・左の形でも敷き詰められないかを問うことで，いろいろな方向から図形を見ながら取り組ませることができる。さらに，少し難しい図形を提示することで，発見したときの喜びを感じさせる。

・次時では，実際にほかの図形を敷き詰めることを通して，図形への感覚を豊かにさせていく。

本時の板書

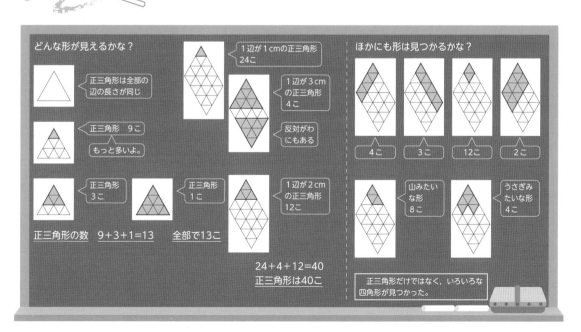

ビフォー

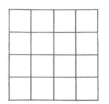
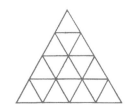

左ノ圖デ,正方形ガイクツアルデセ
ウ。 右ノ圖デ,正三角形ガイクツアル
デセウ。

アフター

(1) 図を見てみよう。どんな形が見えますか？　(2) ほかにも形は
見つかるかな？

①  ②

緑表紙教師用指導書

第3学年教師用　下　pp.159−160

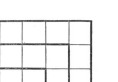

　これ等の圖で,正方形及び正三角形の數を數へさせるのであ
るが、兒童は、最小の正方形・正三角形のみを數へて滿足する
であらう。その際に、尚、大きい正方形・正三角形が考へられ
はしないかといふことを注意して、先づ、その種類を見つけさ
せ、兩者共に、四種類ある（上圖の太い線で圍まれたもの）こと
に氣づかせるがよい。さうして各,の種類について、異なつた
位置に幾通り考へられるかを見つけさせるのである。
　その際には、順序正しくさがして行くことの指導に重きを置
くべきである。このためには、各圖共に、謄寫したものを、少
くとも二つづつ與へる必要がある。

（1）最小のもの
　　これは、兒童用書の圖によつて、
　　正方形：16　正三角形：16
　　といふことが直ちにわかる。
（2）一邊の長さが、（1）の二倍のもの
　　これは、謄寫して與へた圖の線を、クレヨンでぬりな
　　がら數へさせるがよい。
　　正方形：9　正三角形：7
（3）一邊の長さが、（1）の三倍のもの
　　これも、別の圖で、（2）と同樣にして求めさせる。
　　正方形：4　正三角形：3
（4）最大のもの
　　これは、圖形の輪廓であつて、一つしかないが、見落
　　しがちである。
　　正方形：1　正三角形：1
故に、全體では、
　　正方形：30　正三角形：27

緑表紙のとらえと本時

原題は「イロイロナ問題」の1つに属しており，かけ算の発展という位置づけである。この「イロイロナ問題」について，教師用書では「本章で指導したかけ算，及び，既習の計算を適用すべき種々の問題を考察させ，既習事項の発展を図らんとするものである。」としている。

教師用書では原題について「児童は，最小の正方形・正三角形のみを数えて満足するであろう。」と指摘している。この前提になるものとして児童用書2年上pp.86-87にある，かけ算の問題を経験していることが踏まえられていると考えられる。2年上p.87の中段左の平行四辺形の図の問題では「小さい三角」という視点に絞って発問がなされている。教師用書では，三角形が6つ斜めに並ぶ平行四辺形をひとまとまりとして，それが4段あるということで「6×4」という指導をするように促している。したがって，3年の原題においても小さな三角形を数えるだけで満足してしまうだろうという予想になっている。そこで，3年の教師用書では「大き

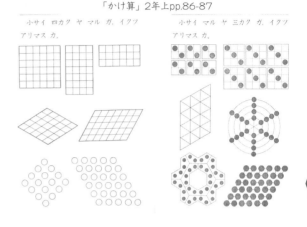

「かけ算」2年上pp.86-87

い正方形・正三角形が考えられはしないかということを注意して，先ず，その種類を見つけさせ，両者共に，四種類あることに気づかせるがよい。」と指導の手順を示している。つまり，図形の中に存在する大きさの異なる正方形や正三角形を見出し，分類整理をさせてかけ算で処理していく流れである。

篠田先生は，原題の図形に注目している。2年，3年の両方の図には図形的なおもしろさがある。この魅力をさらに前面に出す図形領域での問題に転換している。導入場面では，分割されていない大きな三角形を見せて，次に分割された正三角形を見せることで，3種類の正三角形を子どもたち自ら発見できる手だてをとっている。3種類とも正三角形であることを定義から確認して，3種類の正三角形が正確に見えるようにしている。

一方で最小の正三角形が最大の正三角形の中に敷き詰められている，敷き詰め模様についても注目できるよう工夫している。最初の正三角形の図に続きがあるという流れをつくり，原題の2年の平行四辺形を取り上げている。そして，最初の正三角形のときに見えていた最大の正三角形がさらにたくさん見える活動を行った上で，正三角形以外の図形を発見する活動に展開している。子どもたちは，平行四辺形が敷き詰められていることに気づくだろう。このことは，前述の緑表紙の2つの大きな平行四辺形に含まれる三角形の数を「6×4」とみたときの経験があれば，ここでつながり，子どもたちの印象に残るだろう。さらに，ほかの平行

平行四辺形4つ分の敷き詰め
2年では正三角形6つのまとまりの4段で，6×4とみていた。

四辺形や台形が敷き詰められていることを発見していく過程は，平行四辺形や台形を学習する上での素地的経験となるだろう。最後に敷き詰めのおもしろさに気づかせるために，凹型六角形を提示して，敷き詰めが可能かどうかを考える活動を行っている。このように2年上p.87にある平行四辺形の図は，敷き詰め模様の教材としても優れている。緑表紙の教材の中には本来の領域とは違うところでも活用できる教材が隠れていることがある。また緑表紙の編纂の中心にいた塩野直道は，図形領域の問題について，次の水色表紙にバトンを渡している部分があり，水色表紙には工夫が凝らされた図形問題がさらに増えている。しかしながら今回取り上げられた原題は，本題のように発展性のある優れた問題といえる。

(鈴木　純)

3年 あまりのあるわり算
いしとり～さいごにのこる石は何番目？～

石の並べ方や取り除き方を
工夫してひみつ発見！

執筆者：戸田市立芦原小学校　相墨　多計士

白○や赤□の石がならんでいます。

スタート（S）の石①をはじめにとりのぞき，次に，時計回りに１つおきに石をとりのぞいていきます。

これをくりかえすと，さいごにのこる石は何番目の石でしょう？

〈もしも　石が８このとき〉

④	⑤	⑥
③		⑦
②	①	⑧

S

全体の石の数と最後に残る石が何番目の石かに着目して，関係を見出し，自分なりに条件を変えて関係性を広げてとらえる。

　本題は，緑表紙２年下にある内容である。緑表紙では，わり算を扱った後にこの問題を扱っている。小学校学習指導要領解説算数編と照らし合わせた結果，３年のあまりのあるわり算を実施した後に扱うことが望ましい。

　本時では「継子立て」の逸話を基に簡略化した「石取り」の場面を扱う。石を順に取っていくとき，最後に残る石は何番目の石かを求める問題を提示する。緑表紙では，30個の碁石（白黒各15個）が長方形に並んでいて，それを，初めの石は取り除かずに順に９つおきに10番目を取っていくと，白の石が先にすべて取り除かれる問題になっている。この石を男女に見立てて子どもたちを立たせ，順に男子だけが取り除かれたり，女子だけが取り除かれたりするといった場面が考えられることも示唆されている。現代においてこの問題を扱う場合，この石がどのように取り除かれていくのか，その仕組みに関する見方や考え方をクローズアップしたい。そのために，例えば，帰納的にきまりを見出す活動や問いを仕組む授業展開が考えられるだろう。本時は，まず純粋に子どもたちにこの場面を楽しませ，子どもたちが自ら場面を振り返り，あれこれと工夫しながら場面を広げていく展開を優先した。石を正方形状に白○赤□……と並べる。最初は，石の数が８個の場面を提示し，まずSの石①を取り除くルールにする。そして，１つおきに石を取っていくと，８番目の石が最後に残る。つまりある白○を出発点として取り除いて続けたとき，１つおきに並べた白○が先に取り除かれ，最後には，石の数n個の場合と同じn番目の石が残るのである。子どもたちが手元で何度も繰り返す姿や，やがて石の数を変えてみた場合に同じようなことができるかどうかを試す姿に出会えるだろう。石の数が４，８，16個……のときに，見つけたひみつが通用することや，個数が×２の関係になることに気づき，次は32個と考える姿や，石の１つおきのルール，並べ方などの条件を変える姿にも期待したい。最後に緑表紙の碁石30個の例も紹介し，試させるのもよい。

用意するもの	おはじき（児童操作用で2色）か，カード（①②③④⑤⑥⑦ ⑧〜⑯と予備のカード），提示用のカード

授業展開 ── 本時は「あまりのあるわり算」の学習後に，活用として行う。

1 問題を理解する。

Ⓣ （「石取り」の○や□囲みを提示して，白○と赤□の石を紹介する。そして次の問題を提示する。）

> 白○や赤□の石がならんでいます。
>
> スタート（S）の石①をはじめにとりのぞき，次に，時計回りに1つおきに石をとりのぞいていきます。
>
> これをくりかえすと，さいごにのこる石は何番目の石でしょう？

Ⓣ では，これから，石を取り除く場面を見せます。例えば，石が8個の場合，こんな風に並べてみました。

〈もしも 石が8このとき〉

④ ⑤ ⑥
③   ⑦
② ① ⑧
    S

2 石が8個の場合で石取りを試す。

Ⓒ 最後に⑧が残った。

Ⓒ 最後に⑧は残らないよ。

Ⓒ やり方がちがうよ。1周したら，また1つとばすんだよ。

Ⓣ 黒板の前で誰かやってくれるかな？

Ⓒ はーい！ やりたい！

Ⓒ （黒板の中央で活動する）

Ⓒ （石取りのやり方も確認する）

Ⓒ ①→③→⑤→⑦→②→⑥→④→⑧
最後の石は⑧だ。

Ⓒ もう一度やってみる！

Ⓒ （やり方を確認してもう一度取り組む子どもや，方法を変えて試す子どもがいる）

・本時では，石の数が8個の場面を最初に提示する。

・子どもの声に合わせて，石の数を変えた場合などを板書できるように用意しておく。

・板書では全体の形の図と別に，操作できるように数字の石のカードを用意して提示する。まずは黒板で操作活動し，全員でやり方を理解し意見を集める。

▶ 緑表紙からのメッセージ

教師用書には「児童には，おはじき等を代用して実際に，これを試みさせるがよい。」とある。是非子どもに手元で操作させたい。失敗したり，繰り返し操作したりする中で，多様な気づきの場面が生まれる。

・子どもが表現しやすいように，全部の石の数を「全部石の数」や，最後に残る石の数を「残り石の数」などと呼び名を決めるとよい。

・はじめは数字カードを1〜8まで与えて活動させる。やがて，子どもの声など必要に応じて，16までの数字カードや，数字を自分で書きこめるような白紙のカードを配布するとよい。

3 気づいたひみつを友達に伝え，条件を振り返る。

C 先生！ おもしろいこと見つけたよ！ 全部の石の数と，最後に残る石の数字が同じになるかも？

C 丸く並べてもおんなじだ。

C 先に白○の石がなくなる。

C その次に赤□がなくなる。

C でも，石が8個のときじゃないとできないよ。

C え？ 本当？ 9個や10個も試してみよう！

T じゃあ，石の数を変えて試してごらん。

4 条件を変えた場面で試す。

C 石の数を9個にしたら，
正方形にならないよ。

C 石の数を10個にしたら，
長方形になったよ。

C 石の数を4個にしたら，
正方形の形になったよ。

〈もしも 石が4このとき〉

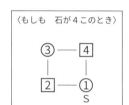

C ①→③→②→④ 最後の石は④でした。
やっぱり石の数と同じ数字の石が最後に残った！

C やっぱり，白○の石が先になくなった。

C でも石が4個と8個のほかはできないよ。

C 12個で試してみる！

C 14個で試してみる！

C 16個で試してみる！

C 16個でできた！

C 正方形になる。

〈もしも 石が16このとき〉

8 ⑨ 10 ⑪ 12
⑦　　　　13
6　　　　14
⑤　　　　15
4 ③ 2 ① 16
　　　　S

C 1周目→①→③→⑤→⑦→⑨→⑪→⑬→⑮
2周目→②→⑥→10→14　3周目→④→12→8→16
石が16個のとき，最後に残る石は16だ。

C 「残り石」が「全部石」の数と同じになるのは，
石が4，8，16個のとき。2倍になっている！

C 次は32個だ。

C 2つとばしで石を取ったら？

C 石の並べ方を変えて試してみたらどうなるかな？

C ○□じゃなくて，○○□□とか……。

・気づいたことは，子どもたちのつぶやきから拾えるとよい。子どもが語る「おもしろいこと，ひみつ，きまり……」をクローズアップして，ほかにも通用するかと帰納的に展開する。

・8より大きい数を試す子どもが多い場合「8より小さい数でもできるかな？」と声をかけてよい。

・子どもの手持ちカードを16まで増やす。

緑表紙からのメッセージ

緑表紙は24個の例を示している。「はじめは児童にいろいろ並べさせて，真四角になるように工夫させる。計算でやろうとすると，24を四等分して6個となるが，角の石が縦横両方に共有となるので，一列に並ぶのは7個となる。よって，まず角にくる4個だけを取り除いて20個とし，その20を四等分した5個をそれぞれ角の石の間に並べるのがよい」としている。

・16個の場合を黒板で確かめさせる。

・4，8，16のときにできたことを板書し「全部石の数と，残り石の数が同じになるとき，2倍ずつ増えていく」といった見方・考え方を表しやすくする。

第3章

3年 あまりのあるわり算

5 塵劫記の継子立てを知り緑表紙の碁石の問題を試す。

T 昔，江戸時代に塵劫記という本がありました。今日の石取りは，そこに書いてある「継子立て」という問題を基にしてつくった問題です。

そして昭和10年の教科書には，こんな問題が載っていました。×の所から数えて，×は取らずに始めて，時計回りに10個目の石を取っていきます。

C 石が30個あるー。

C 白○の石が先になくなる！　同じひみつが使える。

C どの石が最後に残る？　最後までやってみよう！

Point 学びを深めるポイント

塵劫記の紹介や緑表紙にある場面を試させてみてもよい。

・江戸時代の塵劫記と継子立てについて簡単に触れる。×を取らないことなど方法の違いに注意。

Point 学びを深めるポイント

石の取り方や，並べ方を変える工夫など，条件を変えて試させるように促す。

第3章

3年　あまりのあるわり算

本時の板書

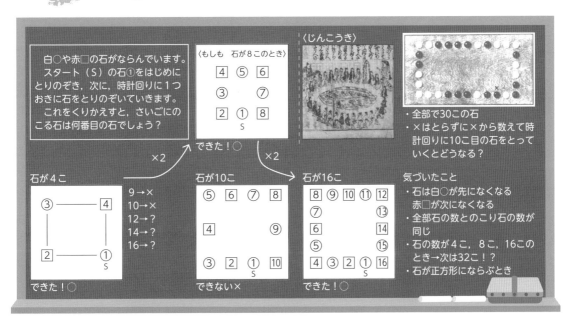

（7）ゴ石 二十四 ヲ，マ四カクナ ワク
ニ 並ベテ ゴラン ナサイ。一レツ ニ
イクツ 並ビマス カ。

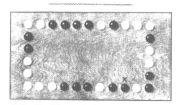

ゴ石 ヲ ヅノ ヤウ ニ 並ベ ナサイ。
サウシテ，× ノ シルシ ノ 石 カラ
左 ニ カゾヘテ，十バン目 ノ 石 ヲ
取リ ナサイ。ソノ 次 ノ 石 カラ オナ
ジ 方 ニ カゾヘテ，マタ 十バン目 ノ
石 ヲ 取リ ナサイ。コレヲ ツヅケテ
ゴラン ナサイ。

白○や赤□の石がならんでいます。

スタート（S）の石①をはじめにとり
のぞき，次に，時計回りに1つおきに石
をとりのぞいていきます。

これをくりかえすと，さいごにのこる
石は何番目の石でしょう？

〈もしも　石が8このとき〉

4	⑤	6
③		⑦
2	①	8

S

緑表紙教師用指導書

第2学年教師用　下　pp.58−60

七番

　碁石の並べ方に関する問題である。兒童には，おはじき等を代用して實際に，これを試みさせるがよい。

　兒童用書の始に掲げたのは，二十四箇の碁石の場合であるが，最初は，八箇の場合から出發するもよい。又，十二箇・十六箇・二十箇の場合をも行はせるがよい。

　始は，兒童に色々並べさせて見て，眞四角になるやうに工夫させるのでよい。これを計算でやるとして，24を四等分して六箇を出したのでは，角の石が縦横兩方に共有となるために，一列に並ぶのは七箇となる。故に，考へ方としては，先づ，角に來る四箇だけを除いて二十箇とし，その二十箇を四等分した五箇を，それぞれ角の石の間に並べるとするのがよいであらう。

　しかし，かやうな考へ方はわかり難いから，實際に並べて出來上つた後に，適當な程度の説明に止むべきである。何これに關して，碁石を四角なわくに並べさせる場合をも考へさせるがよい。

　例へば，十六箇を四角なわくに並べる場合を考へさせる。

　始の二つで，縦と横との數を入換へた場合もある。

　この場合は，縦なら縦の兩端を除いた石の數を，1，2，3……と變化して，その二倍だけを引いて殘りを二等分すれば，横の一列の數が定まる。かやうな考へ方も場合によつては指導してもよい。この場合は，計算と言ふよりも物の配置について指導することに重きを置くべきである。

　兒童用書で次に掲げたものは和算に於ける所謂繼子立によつたもので，兒童の興味をそそる意味で掲げたので，むづかしい意味はない。四角に並べる必要はなく，圓形に並べてもよいことはいふまでもなく，場合によつては，運動場で，白石と黒石の代りに男女の生徒を並ばせて，番號をとなへさせながら，この方法を行つて見るも一興があらう。

　説明するまでもなく，始は，白石だけが除かれる。白石が一箇だけ殘つたときに，今度はその白石から數へて十番目の石を除くこととすれば，黒石だけが除かれて，その白石が最後に殘る。これを試みさせるもよい。

緑表紙のとらえと本時

　この原題は，わり算の「雑題」の一つとして載せられている。そして，そのねらいは「包含除と等分除とを，事実について一層明らかにし，わり算の活用をはからせるものを集めて掲げてある。」ということである。また，この原題は，代表的な構想問題である。知識・技能ではなく，数学的な見方・考え方を育てる問題である。

　相墨先生は「帰納的にきまりを見出す活動や問いを仕組む授業展開が考えられるだろう。」としている。帰納的という点について，教師用書でも「児童用書の始めに掲げたのは，24個の碁石の場合であるが，最初は，8個の場合から出発するのもよい。また，12個・16個・20個の場合をも行わせるがよい。」としており，いくつかのパターンで行うことで，子どもたちが帰納的に考えられるように促している。また，教師用書では，四角形に並べることも工夫させるように促しているが，この点については，前時でわり算の内容も意識しながら実践がなされている。

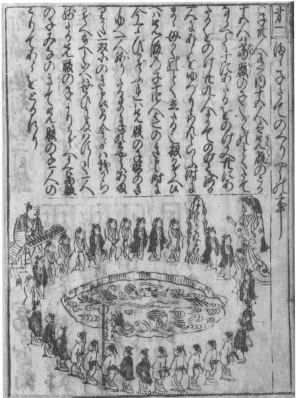

『新編塵劫記』における「継子立て」

　「継子立て」という問題について解説をすると，この問題の歴史は古く，平安時代の末期『簾中抄』に記録が残されており，鎌倉時代や室町時代にも同じような問題がある。作者や誕生した時代は諸説あるが，一般的になったのは1627年に吉田光由の執筆した『塵劫記』である。塵劫記は，江戸時代の算術書のベストセラーであり，基本的な知識のほかに，実用的な技能，当時の庶民にとって身近な話題を基にした題材などを取り入れた内容であった。「継子立て」は，家の跡目争いの場面を題材にしている。先妻の子ども15人と後妻の子ども15人を交互に並ばせて，後妻の子から右回りに10番目の子どもを除いていくと，先妻の子ばかり除かれた。先妻の子どもが1人になったときに，先妻が，ここからは左回りに数えてほしいと抗議をして，そのようにしたところ，今度は後妻の子どもばかり除かれ先妻の子どもが残ったという逸話である。規則性がある問題で，ゲームにすることはできないので，パズルというとらえ方がよいだろう。

　実践では，カードを用いての操作活動がされているが，教師用書でもおはじきなどを使っての操作を勧めている。緑表紙では，価値の高い数理的思考を要する問題を「構想問題」として取り入れているが，その問題の解決にあたっては，念頭操作ではなく，操作活動などの具体的な活動を通して，泥臭く考えさせることを重視している。教師用書でも「（この問題は）児童の興味をそそる意味で掲げたので，むずかしい意味はない。四角に並べる必要はなく，円形に並べてもよいことはいうまでもなく，場合によっては，運動場で，白石と黒石の代わりに男女の生徒を並ばせて，番号をとなえさせながら，この方法を行ってみるのも一興があろう。」としている。

　原題では「コレヲ　ツヅケテ　ゴラン　ナサイ。」で発問が終わっている。緑表紙では，具体的な問題解決の帰着点を示さずに現代の問題から比べると中途半端に，または，不親切に終わっていることが多い。この発問の仕方には，活動を通して自然に子どもたちが気づけるように促す効果がある。しかし，当時の教師にとっては扱いにくい問題だっただろう。したがって，指導する教師が，帰着点と授業の組み立てをよく考える必要がある。相墨先生は，予想の段階から，子どもたちの考えに対立軸をつくり，議論を活発化させることによって，きまりについての詳細や，石の数との関連性を明らかにできるようにしている。

（鈴木　純）

第3章

3年　あまりのあるわり算

なるべく短い距離で
旗を取る方法を考えよう！

執筆者：学習院初等科　鈴木　純

こうたさんとはるなさんは，フラッグレースをします。

しんぱんが校庭の直線コースにそって，5本の旗を等しい間かくで立て，となりのコースにも同じように旗を立てました。スタートから走っていき，旗を取って，スタートにもどってきます。旗は一度に2本まで取れます。これを何度かくりかえして，先に旗をすべて取ってスタートまでもどった方が勝ちです。

（スタート）		①	②	③	④	⑤
こうた		▷	▷	▷	▷	▷
はるな		▷	▷	▷	▷	▷

① 　旗と旗の間のきょりは1.4mです。この長さをもとにしたとき，スタートから1本目の旗までのきょりはその5倍の長さです。スタートから5本目の旗までのきょりを求めましょう。

② 　なるべく短いきょりで5本の旗を取る方法を考えましょう。

🔍 旗を回収する順番で優位になる！？

　緑表紙では，この問題の意義について「このような問題は，数量的な処理をなす場合に，先ず研究して，有効な方法を考えなくてはならぬことを認めさせる上に意義がある。」と述べている。本時では，小数×整数・小数÷整数の内容を加えて，数学的な見方・考え方を高める内容とした。小数×整数・小数÷整数の単元のまとめ段階での授業と設定したが，最大のねらいは，すべての旗を短い距離で取る方法を考えることである。

　最初に，レースのルールを理解するための時間を設定する。その上で，①の問題を提示する。スタートから1本目の旗までの距離と1本目と2本目の旗の間の距離について，イメージをもてないことが予想されるが，図に数値などをかきこんでいく活動を通して，もとになる距離と5倍の距離についてその関係を正しく理解できるようになる。

　次に主題の②を提示する。旗を取って帰ることを繰り返すという場面において，どの取り方をしても同じと考える子どもやイメージをもてない子どももいる。実際に取り方を考えていくと，取り方によって走る距離が違うことを発見するだろう。5本の旗を取りに行くので，1回に2本回収すると少なくとも3回は行かなければならないが，どの順番で旗を取るかがポイントとなる。旗の取り方の例を次にいくつか示す。

　　⑤④→③②→① 25.2＋19.6＋14＝58.8　　　⑤→④②→③① 25.2＋22.4＋19.6＝67.2

　　⑤④→③①→② 25.2＋19.6＋16.8＝61.6　　　⑤→③②→④→① 25.2＋19.6＋22.4＋14＝81.2

教師用書では「この問題は，このような場合をすべて尽くさせようというのではない。」としている。何通りの旗の取り方があるのかを知るのが目的ではなく，短い距離ですべての旗を取ってくる方法を考えることが重要である。次のようなことを発見して，論理的に説明できるとよい。

　(1)なるべく少ない回数で旗を取ってくるとよい。

　(2)遠くの旗を取った帰りには次に遠い旗を取るとよい。

用意するもの	掲示用の図，マグネット10個

📖 **授業展開** 　本時は「小数×整数・小数÷整数」の学習のまとめとして行う。

1 フラッグレースのルールを理解する。

🅣 フラッグレースのやり方がわかりましたか。

🅒 一度に取ってよい旗は２本までだよ。

🅒 スタートと旗の間を何度も走るのだね。

🅒 どのくらいの距離を走るのかな。

2 コースをイメージする（問題①の提示）。

🅒 どういうことかな。図にしてみよう。

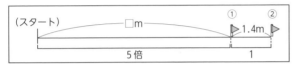

🅒 「旗と旗の間のきょりをもとにした」ということは旗と旗の間の距離を１として考えます。

3 スタートから５本目までの距離を求める（小数×整数）。

🅒 スタートから１本目までの距離は1.4×５＝７で７ｍです。

🅒 旗の間はすべて同じ距離だから，１本目から５本目までの旗の間の距離は1.4×５＝７で７ｍです。

🅒 ちょっとおかしいです。図を見ると旗は５本だけれども，間は４つだから1.4×４＝5.6で5.6ｍです。

🅣 式をまとめられるかな。

🅒 1.4×５＋1.4×（５－１）＝1.4×５＋1.4×４
　＝1.4×９＝12.6で12.6ｍです。

🅒 往復すると25.2ｍでプールと同じくらいです。

🅒 でも，フラッグレースのルールだと何度も往復するからもっと長くなるかもしれません。

4 短い距離について考える（問題②の提示）。

🅣 「なるべく短いきょり」とはどういうことでしょう。

🅒 旗の取り方によって距離が短くなるのかな。

🅒 どんな取り方をしても一緒じゃないかな。

・フラッグレースについての説明を行う。スタートと旗の間を何度も往復しながら，徐々に旗を減らしていく様子をマグネットなどを使って説明するとよい。

🔻 **緑表紙からのメッセージ**

緑表紙は「本問題のような考え方を必要とする場合は，殆ど起こらないであろうが，このような問題を考察させることには，相当の意義があると言わなくてはならぬ。」としている。この問題の意義をさらに深めるためには，子どもたちが必要感をもてるように場面設定する必要がある。

・数直線による表記が望ましいが，イメージがわかない場合は旗とコースの図をもとに考える。
・図にわかった数値を書き込み，距離関係を明らかにする。

Point 学びを深めるポイント

図を基に考えると，旗の数より間の数の方が１つ少ないことを理解できる。先に1.4×４と書いた式を取り上げて，この４は何だろうと式をよむ活動を取り入れるのもよい。
また，式を１つにまとめる過程で図と式の関係をつなげて理解できるように話し合い活動をするとよい。

ⓒ スタートに戻る回数を減らすということかな。

ⓒ どんな取り方があるのか考えてみよう。

5 旗を取る順番を考える。

ⓒ 旗を取る順番を書いてみよう。

ⓒ ①②→③④→⑤

ⓒ 最初に手前の①②の旗を取って，次に③④の旗を取って，最後に⑤の旗を取ります。

ⓣ どのくらいの距離になるかな。

ⓒ ①②を取るときには②まで行って帰ってくるのと同じだから8.4×2＝16.8で16.8m，次の③④を取るときには④まで行って帰ってくるのと同じだから11.2×2＝22.4で22.4m，最後は⑤を取って帰ってくるのだから12.6×2＝25.2mです。

ⓒ まとめると 8.4×2＋11.2×2＋12.6×2
　　　　＝16.8＋22.4＋25.2＝64.4 64.4mです。

ⓒ 50m走より長いんだね。もっと短いのはないかな。

ⓒ 3回取りに行けば距離が短くてすむと思います。

ⓣ どうして，3回なのでしょう。

ⓒ 5本の旗で2本ずつ取りに行くから，最低3回取りに行けばすべての旗を取れます。3回より少なく取りに行くのは無理です。

ⓣ 3回だったらどれも同じ距離でしょうか。

ⓒ ⑤④→③②→① 25.2＋19.6＋14＝58.8 58.8m

ⓒ ⑤④→③①→② 25.2＋19.6＋16.8＝61.6 61.6m

ⓒ ①→③②→⑤④ 14＋19.6＋25.2＝58.8 58.8m
これはさっきと同じ58.8mで短いよ。

ⓒ ⑤④と③②のペアと残り①のときが短いのかな。

ⓒ それなら③②→⑤④→①もさっきの計算の順番を入れ替えただけだから同じ58.8mです。これ以上短い距離はないと思います。

ⓒ なんでだろう。どうして，⑤④と③②と①の組み合わせが58.8mで短くなるのかな。

ⓒ 遠くの旗を取りに行く回数を減らしたいから⑤を取る帰りに④を取ればよいです。次に③②を取って，最後にいちばん近い①を取ればよいです。

・旗の取り方について，図をかくなどして考えられるように話し合いの時間を取る。

・順番の表し方を統一していくと見やすい。

・5回，4回，3回といった回数も出るので取り上げる。

Point 学びを深めるポイント

距離を短くする条件を発見したらそれが正しいか論理的に確認する話し合いをする。

・3回のパターンを出しながら短いときの共通点を考える。

▸ 緑表紙からのメッセージ

緑表紙は「この問題は，このような場合をすべて尽くさせようというのではない。」としている。すべての場合を考えるのではなく，距離を短くするための条件を見出すことが重要である。

・「なんでだろう」という子どもの疑問から話を展開していくことで，深く考えることができる。

C ①②→③④→⑤だと，最後に遠い⑤を取るだけになるので，だったら，最後に近い①を取るだけにした方が短くなります。⑤④→③①→②も最後に②だけ残るので，①だけ残るより取りに行く距離が長くなります。③①を③②にすればよいです。

6 発見したことをまとめる。

(1)なるべく少ない回数で旗を取ってくるとよい。
(2)遠くの旗を取った帰りには次に遠い旗を取るとよい。

Point 学びを深めるポイント

遠いところの旗をまとめて2本取り，最後に取りに行く1本の旗を近くの旗にすると距離を短くできるということを，話し合いや操作活動を通して，丁寧にまとめていく。

※実際にフラッグレースを行う場合は，その前段階として本時を行う。
〇フラッグレース実践の例（30人学級の場合）
① 6人ずつの5チームをつくり，1チームの中で第1回戦に出場する3人と第2回戦に出場する3人に分けて，それぞれ走る順番と取る旗を考える作戦タイムをとったのちにレースを行う。本時学習後なので，3回旗を取りに行けばすべての旗を回収できることを理解していることが前提である。
② 2回戦の順位の合計数を得点とし，得点の小さいチームから1位とする。
　例：1回戦2位，2回戦5位　合計得点　2＋5で7点
　（第1回戦に走るのが得意なメンバーを集めると2回戦が不利になる。また，走るのが得意なメンバーが遠くの旗を取りに行くとよいなど，協力して作戦を考えると盛り上がる）
※旗の数を増やすなど，状況に合わせてルールを変更するとよい。
※予備知識なしにフラッグレースをした後，検証する学習として本時を行ってもよい。

本時の板書

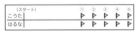

こうたさんとはるなさんは，フラッグレースをします。

しんぱんが校庭の直線コースにそって，5本の旗を等しい間かくで立て，となりのコースにも同じように旗を立てました。スタートから走っていき，旗を取って，スタートにもどってきます。旗は一度に2本まで取れます。これを何度かくりかえして，先に旗をすべて取ってスタートまでもどった方が勝ちです。

(スタート)	①	②	③	④	⑤
こうた	▷	▷	▷	▷	▷
はるな	▷	▷	▷	▷	▷

●ルール
一度に取ってよい旗は2本まで。
スタートと旗の間を何度も走る。

きょりがわからないよ。
どのくらいのきょりを走るのかな。

① 旗と旗の間のきょりは1.4mです。この長さをもとにしたとき，スタートから1本目の旗までのきょりはその5倍の長さです。スタートから5本目の旗までのきょりを求めましょう。

・スタートから1本目までのきょり
　$1.4 \times 5 = 7$　7m
・1本目から5本目までの旗の間のきょり
　$1.4 \times 5 = 7$　7m
　$1.4 \times 4 = 5.6$　5.6m

旗は5本だけど間の数は4つです。

まとめると…
　$7 + 1.4 \times (5 - 1) = 12.6$　12.6m
おうふくで　$12.6 \times 2 = 25.2$　25.2m

② なるべく短いきょりで5本の旗を取る方法を考えましょう。

旗の取り方できょりが変わるのかな？
スタートにもどる回数を少なくする。

①②→③④→⑤　最低何回？
$16.8 + 22.4 + 25.2 = 64.4$　64.4m
最低3回！（5本の旗を2本ずつ取るから。）
⑤④→③①→②
$25.2 + 19.6 + 14 = 58.8$　58.8m
⑤④→③①→②
$25.2 + 19.6 + 16.8 = 61.6$　61.6m
⑤④→③②→①
$14 + 19.6 + 25.2 = 58.8$　58.8m

遠いところの旗はまとめて2本取る。
最後の1本は近い旗を取る。

〇発見したこと
(1)なるべく少ない旗を取ってくるとよい。
(2)遠くの旗を取った帰りには次に遠い旗を取るとよい。

ビフォー

アフター

（14） 道端ニ,十五米ヅツハナレテ旗ガ五本立テテアリマス。一番手前ノ旗カラ五十米ハナレタ所ニ居ル人ガ,旗ヲ全部ソコヘ集メヨウト思ヒマス。

旗ヲ一度ニ一本ヅツ取ツテ歸ルトスレバ,ソノ人ハ何米歩カナクテハナラナイデセウ。又,一度ニ二本マデハ取ツテ歸ルコトガ出來ルトスレバ,何米歩カナクテハナラナイデセウ。

こうたさんとはるなさんは，フラッグレースをします。

しんぱんが校庭の直線コースにそって，5本の旗を等しい間かくで立て，となりのコースにも同じように旗を立てました。スタートから走っていき，旗を取って，スタートにもどってきます。旗は一度に2本まで取れます。これを何度かくりかえして，先に旗をすべて取ってスタートまでもどった方が勝ちです。

（スタート）		①	②	③	④	⑤
こうた			▷	▷	▷	▷ ▷
はるな		▷	▷	▷	▷	▷

① 旗と旗の間のきょりは1.4mです。この長さをもとにしたとき，スタートから1本目の旗までのきょりはその5倍の長さです。スタートから5本目の旗までのきょりを求めましょう。
② なるべく短いきょりで5本の旗を取る方法を考えましょう。

4年 小数×整数・小数÷整数

緑表紙教師用指導書

第4学年教師用　下　pp.250−252

十四番

實際に當つて，本問題のやうな考へ方を必要とする場合は，殆ど起らないであらうが，かやうな問題を考察させることには，相當の意義があると言はなくてはならぬ。

最初の間は，順次一本づつ旗を取つて歸る距離を求めて，和を作ればよいから簡單である。即ち，

	一	二	三	四	五	計
歩く距離(米)	100	130	160	190	220	800

計算の仕方としては，

（イ）（50+65+80+95+110）×2
（ロ）（50×5+15×4+15×3+15×2+15）×2

等があるが，かやうな考へ方は，兒童が問題としない限り，探上げないでよい。

上の表で見て明らかなやうに，これは，初項100，公差30，項數5の等差級數の總和を求めることである。勿論このやうなことは，説明すべきでないが，數が30づつ段々増してゐる點は，認めさせるがよい。

次の間は，「一度に二本までは，取つて歸ることが出來るとすれば，何米歩かなくてはならぬか」とある。これは，解釋の仕方によつて，色々な場合を考へることが出來る。即ち，二本取つたり，一本取つたりすることを任意とし，又，二本を取るにも，取り方を任意とし，その順序の組合はせを考へれば，多くの場合がある。しかし，この問題は，かやうな場合をすべて盡くさせようといふのではない。二本まで持つて歸ることが許されたときは，何米歩かなくてはならぬかと言へば，なるべく少く歩いて，要求を滿足するといふのが，自然の考へ方であり

兒童も，そのやうに考へるであらう。さうした場合には，先づ，手前から二本づつ取つて歸り，最後に一番向かふのを一本取つて歸るとするのが，普通，最初に考へつくことである。そこで，この場合の，歩く距離を計算させる。即ち，

130米+190米+220米=540米

となる。これは，一番目，三番目の旗を，二番目，四番目の旗を取つて歸るついでに持歸ると考へればよいのである。

此處で考へられることは，旗が五本あるから，どうせ一度は一本だけ取つて歸らなくてはならぬ。上の場合は，一番向かふの旗を一本殘したが，一番手前の旗を一本殘したらどうであらうかといふことである。これは，兒童も問題とするであらう。そこで，その場合の歩く距離を計算させる。即ち，

220米+160米+100米=480米

となる。前の場合と比較して，この方が少く歩いてすむことがわかる。

これに關聯して，角，少く歩いてすむことがありはしないかと考へることは，兒童にも起り得る問題である。そのときには一二の場合を計算させてみるもよい。例へば，眞中のを殘したとすれば，

220米+160米+130米=510米

となつて，最小の距離とはならないことがわかる。これくらゐで，一番向かふの方から片づけた方がよいことを納得させることが出來るであらう。

かやうな問題は，數量的な處理をなす場合に，先づ研究して，有效な方法を考へなくてはならぬことを認めさせる上に意義がある。

緑表紙のとらえと本時

　社会生活において問題解決をする際に，合理的かつ優勢に進めることは重要である。その過程で数学的な見方・考え方を効果的に活用できるようになるためには，そのような経験を重ねることが肝要である。小学校段階においても素地的な経験をする機会を得てほしいと考える。例えば，スポーツにおいても技能とメンタルのほかに戦略も重要である。小学校段階の子どもは，運動会などで足の速さや体力が勝負の決定打になると考えることが多い。しかし，戦略を考えるということが勝負に大きく関係し，数学的な見方・考え方を活用することが有効であると感じられるならば，子どもは積極的に数学的な見方・考え方を活用する場面を模索するようになるだろう。このような考えを基に本時を設定した。

　原題について教師用書では「このような問題は，数量的な処理をなす場合に，先ず研究して，有効な方法を考えなくてはならぬことを認めさせる上に意義がある。」と目的を述べており，構想問題としての要素をもっていることを示唆している。一方で「実際に当たって，本問題のような考え方を必要とする場面は，殆ど起こらないであろう（後略）」とした上で，上記の目的につなげていることに注目する。教師用書が示すように原題のような場面は日常的にはあまりない。問題を解く過程で数学的なおもしろさに気づく可能性はあるが，最初から子どもたちが積極的に考えていくためには，必要感のある設定にすることが望ましい。そこで，場面としてフラッグレースを考えた。複数の人が砂浜に伏せて同時にスタートをして遠く離れたところに刺さった1本の旗を取り合うビーチフラッグと，4人の走者の走る距離が異なる（100m，200m，300m，400m）スウェーデンリレーをモチーフに考えたものである。なお，スウェーデンリレーは運動会に取り入れている学校もあり，学習院初等科でも5年で走る距離を細かく分けて30人前後で行っている。走るのが得意な子どもと苦手な子どもが協力して話し合い，作戦を練って戦うため，体育という教科の枠にとどまらず学級経営としても有効な競技である。

　教師用書にある「研究して，有効な方法を考える」場面を本時の中心場面とした。ルールについて理解した子どもが最初に考えるのは，何回旗を取りに行けばよいかということである。1回に2本の旗が取れるということから，3回で取り終えることができると考えるまでに一定の時間を取る。ここで，奇数偶数という言葉は未習でも，旗の数が偶数だったら$n \div 2$の回数であり，奇数であったら$\dfrac{(n+1)}{2}$の回数であるといった一般化された考えが出てくれば，それは評価すべき点である。しかしながら，重要な部分は，その次の段階である。3回だったらすべて同じ距離かというとそうではないと気づくことで，子どもは最も短い距離を模索し，58.8mという距離を発見する。その後，さらに短い距離を考える過程で58.8mが最短距離である理由を論理的に考えて見出すことができるだろう。この過程を最も大切に扱いたい。5本の旗の取り方を考えるという目的であれば順列・組み合わせの問題ではあるが，なるべく短い距離の組み合わせを考えるという目的をもった場合には，すべての組み合わせを考える必要はない。この点を教師用書も指摘している。つまり，多様な組み合わせを考えるのではなく，短くなる条件や要素を考え，その組み合わせを見つけるという合理的かつ戦略的な問題解決になるのである。自分のチームが勝つための話し合いであるから，活発な話し合いになる。

　次に，小数のかけ算，わり算の観点から見たときに，場面ごとの式をまとめる活動を通して，計算のきまりを活用する場面となる。

　原題には旗を1本ずつ取るときの距離を求める発問もある。本時にあてはめると初項14，公差2.8，項数5の等差数列の和である。緑表紙では高度な数学にふれる機会も大切にする。また，原題は分数のかけ算，わり算や割合の学習に組み合わせることや，場合の数の学習の発展としても活用できる問題である。

（鈴木　純）

等差数列の和

●等差数列の一般項
　一般項をa_n，初項をa，公差をdとすると
　　$a_n = a + (n-1)d$
　⑤の旗を取ってスタートまでもどる距離は
　　$a_5 = 14 + (5-1) \times 2.8$
　　$a_5 = 25.2$

●等差数列の和（S）
　初項a，末項ℓ，項数nの等差数列の和をSnとすると

$$Sn = a + (a+d) + (a+2d) + \cdots + (\ell - d) + \ell$$
$$+)\ Sn = \ell + (\ell - d) + (\ell - 2d) + \cdots + (a+d) + a$$
$$2Sn = \underbrace{(a+\ell) + (a+\ell) + (a+\ell) + \cdots + (a+\ell) + (a+\ell)}_{n個}$$

　　よって　$2Sn = n(a+\ell)$
$$Sn = \frac{n(a+\ell)}{2}$$
$$Sn = \frac{n}{2}\{2a + (n-1)d\}$$

★$\sum$（シグマ）を用いると
$$\sum_{k=1}^{n} k = \frac{1}{2}n(n+1)$$

4年 面積
辺の長さや面積がどのように変わるかな

辺の長さや面積の変化に注目してみよう。

執筆者：江戸川区立小岩小学校　竹上　晋平

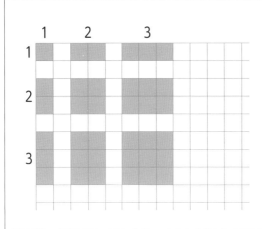

左の図のように，正方形の右側に１cm横にのばした長方形を，下側に１cm下にのばした長方形を順にかいていきます。

右側，下側には，どのような正方形や長方形をかけばよいでしょうか。

変化の様子を観察して，面積についての理解を深めよう。

　４年では正方形・長方形の面積の求め方について学ぶ。公式にあてはめて面積を求めることは多くの子どもができる一方，面積の概念についての理解は不十分ではないかと感じる。

　そのため，正方形・長方形の面積の求積公式を学習した後，単に数値を公式にあてはめるだけでなく，辺の長さが変化すると，どのように面積が変化するかを調べる教材を取り入れ，面積の概念について改めて考える授業が必要である。そこで「正方形・長方形の面積が，辺の長さの変化につれて変わる有様を観察させ，面積の観念を一層明らかにすること」(教師用書) をねらいとした本題を扱う。

　本題には「変わり方調べ」の要素もあり，変わり方のきまりについて多くの発見をすることができる。「横の辺の長さが２倍，縦の辺の長さが２倍になると，面積が４倍になる」などの気づきも一部の子どもはもつことができるだろう。しかし，その内容を全員が理解することにはあまりこだわらなくてもよい。面積が変わっていく様相に着目させ，さまざまな気づきが生まれるような展開が望ましいと考える。

　授業冒頭では，子どもとやりとりをする中で，四角形が左上から右へ，下へ，どのように変化しているのかに気づかせていく。「４つの角がみんな直角で，４つの辺の長さがみんな同じ四角形だから，正方形である」など，既習事項を確認しながら進めるとよい。その際に，子どもからいろいろなつぶやきが生まれることが予想される。この段階では，その内容を全体で共有するよりは「四角形がどのように変化しているのか」という見方ができたことを価値づけていき，その見方を広げる方が有効であると考える。

　また，気づきを発表する際に，どのように表現したらよいか困る子どももいる。「倍」「縦×横，横×縦」や「１辺×１辺」など既習事項を振り返りながら，必要に応じて教師が言いかえていく必要がある。

授業展開 　本時は，正方形と長方形の面積の求め方の学習後に，発展の学習として行う。

1 方眼紙に四角形を全員で順番にかいていく。

T 先生と同じように，方眼紙に定規で正方形や長方形をかいていきましょう。方眼は1辺が1cmの正方形です。

いちばん左上に正方形をかきます（①の正方形）。定規で線を引いて，その内側を塗りましょう。その右側に1マス空けて，横2マスの長方形をかきます（②の長方形）。今度は，ここに縦2マスの長方形をかきます（③の長方形）。

次に，ここ（④）に四角形をかきたいんだけど，どんな形になると思いますか？

C 今度は3マスの長方形かな。

C ここ（②）が横2マスで，ここ（③）が縦2マスだから，正方形になるんじゃないかな。

T （変わり方を考える発言を板書し，価値づけしつつ）なるほどいい考えですね。ここは，このようにかきます（④の正方形）。

C やっぱり正方形だ。

T さらにこれを（⑤，⑦あたりを指しながら）右側，（⑥，⑧あたりを指しながら）下側に広げていくとしたら，どんな四角形になると思いますか？

C （いろいろなつぶやきが生まれる）

T では，横2マスの長方形の右側の四角形（⑤）は，どんな四角形だと思いますか？

C 横に1マス，2マスだから，次は横に3マスだと思います。

C 右にいくほど横に増えるんじゃないかな。

T なるほど。ここには横3マスの長方形をかきます。

C じゃあ左下の四角形（⑥）は縦3マスの長方形です。

C 下にいくほど，縦に長方形が伸びている。
（同じようなやりとりを行いつつ，⑨までかく）

緑表紙からのメッセージ

「方眼紙に，上のような図を書きなさい。」と緑表紙にあるように，教科書にある図であっても，子どもが実際にかいていくことを重視している。

・下記のような順番で子どもと確認しながらかいていく。

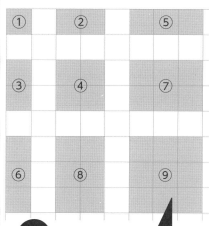

Point 学びを深めるポイント

面積に注目させるために，辺をかくだけでなく，内部も鉛筆で色塗りさせる。

・「この先どうなると思うか」と問いかけつつ，四角形の変わり方に注目させていく。この時点では，全体で変わり方の気づきの内容を共有することよりも，図形が変化していることに注目できたことを価値づけて取り上げていく。

・子どもの様子に合わせて⑤～⑨の順番を変更する。

2 その先の四角形を一人ひとりがかき，発表する。

Ⓒ 先生，まだ右側や下側に方眼紙が残っています。

Ⓒ さらに四角形をかけるんじゃないかな。

Ⓣ なるほど，この続きもかけそうですか。
（方眼を指しながら）ではこの右側と下側には，どんな四角形が並ぶか，かいてみましょう。

3 どのように考えて四角形をかいたのか発表する。

Ⓣ どのように四角形をかいていったのか発表してください。一度，ノートに自分の考えを書いてみましょう。できた四角形を見て，気づいたことでもよいですよ。

Ⓒ① （辺の長さに注目して）
横の辺の長さが1マスずつ増えているから，右側には横の辺の長さが4マスの長方形が並ぶと思う。

Ⓣ 方眼の1つ1つのマスの辺の長さは，1cmだから，1cmずつ伸びて，4cmになったということですね。

Ⓒ 四角形を横に見ていったときに，縦の辺の長さは変わっていないです。

Ⓒ 四角形を縦に見たら，横の辺の長さは変わっていないから，これで下側の四角形も説明できます。

Ⓒ② （1cm²マスに注目して）
横に1マスずつ増えているから，右側には横に4マスになる長方形が並ぶと思う。

Ⓒ③ （面積の変化に注目して）
1行目が1cm²，2cm²，3cm²で1cm²ずつ増える。
2行目が2cm²，4cm²，6cm²で2cm²ずつ増える。
3行目が3cm²，6cm²，9cm²で3cm²ずつ増える。
だから4行目は，4cm²，8cm²，12cm²，16cm²と4cm²ずつ増えると思う。
（同様に，列ごとに見ていく）

Ⓒ④ 1辺が1cm，1辺が2cm，1辺が3cm，次に1辺が4cmの正方形が斜めにできると思う。

Ⓒ⑤ ⑩と⑪，⑫と⑬，⑭と⑮の四角形のように，回転させたら同じ長方形ができます。

・手が止まっている子どもには，上から1行目の四角形の横の並びだけに注目させるなど，どこから考えたらよいか，声をかける。

・子どもとともに，⑩〜⑯の四角形をかいていく。

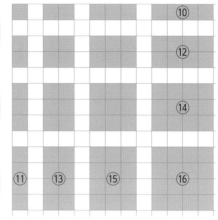

・机間巡視しながら「図に矢印をかいてみたら」「四角形のどこに注目したのかな」と声をかけていく。

・やりとりをする中で「マス」という表現ではなく，何cmや何cm²など，長さや面積に関する既習の表現に置きかえる。

・子どもの発表に合わせて，板書用の方眼紙に長さや面積を書きこみ，数値の変化に着目させる。

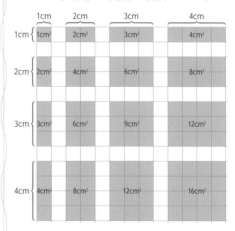

・C5の考えが，冒頭にかいた②と③，⑤と⑥，⑦と⑧でも同じようにいえることに気づかせる。

・授業冒頭で図をかいたときに出たつぶやきとつなげていく。

4 完成した図を見て，気づいたことを発表する。

🅣 辺の長さや面積はどのように変わっているか，気づいたことを発表してください。

🅒 辺の長さが長くなればなるほど，面積もどんどん大きくなっている。

🅒 1行目と2行目を見ると，横の辺の長さが2倍になると面積が2倍になっている。

🅒 2行目の正方形と4行目の正方形を比べると，1辺の長さが2倍になったのに，面積が4倍になっている。

🅒 辺の長さの伸び方と，正方形・長方形の面積の増え方が少し違う気がする。

🅒 同じ面積の長方形が2つずつ，斜めに並んでいる。

🅒 それは，縦の辺の長さと，横の辺の長さが入れかわっているからではないかな。

🅒 この面積の数の並び方は九九表みたい。

5 授業全体を振り返り，学習感想を書く。

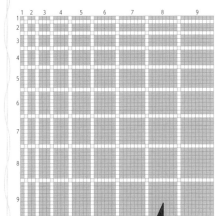

▶ **緑表紙からのメッセージ**

抽象的な表現ではなく「例えば，どこの四角形を見たらそうなっていますか」と問い，具体的に図を指しながら説明させる。

Point 学びを深めるポイント

上図のような方眼紙を用意しておき，自宅で続きの四角形をかかせ，後日発表させる。

本時の板書

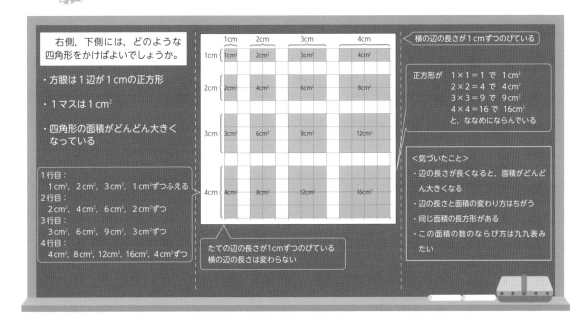

(4)

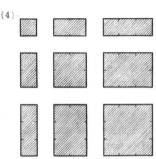

　方眼紙ニ,上ノヤウナ圖チ書キナサ
イ。サウシテ,右ノ方ニ,横ガ四種ノ矩
形チツケタシナサイ。次ニ,下ノ方ニ,
縱ガ四種ノモノチツケタシナサイ。
　各ノ矩形・正方形ノ面積チイヒナサ
イ。ソレニツイテ,ドンナコトガワカ
リマスカ。

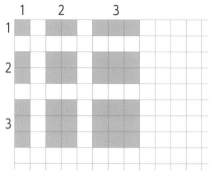

　上の図のように，正方形の右側に1cm
横にのばした長方形を，下側に1cm下に
のばした長方形を順にかいていきます。
　右側，下側には，どのような正方形や
長方形をかけばよいでしょうか。

緑表紙教師用指導書

第4学年教師用　上　pp.105-108

縦横の長さと面積

　児童用書第三十七頁では，正方形・矩形の面積が，邊の長さ
の變化につれて變る有樣を觀察させ，面積の觀念を一層明らか
にすることとしてある。

　方眼紙に，見童用青の圖と同様な圖を畫かせる。即ち，先づ，
左上に一邊一糎の正方形を塗らせ，一糎づつ離して，右及び下
に，横及び縱を一糎づつ増し，順次矩形又は正方形を塗らせ，
横及び縱が四糎のものまでに及ばせるのである。

　かやうにして出來た圖を觀察させて，考へついたことを發表
させるのであるが，それには先づ，各圖形の邊の長さ，面積を
言はせて，これを次のやうに畫かせて置くがよい。

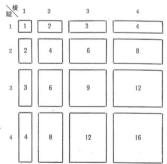

　倘，次の諸點に着目するやうに指導すべきである。
（1）縦の長さ：左右の行では，一定である。上下の列では，
　　下へ行くに従つて一糎づつ増してゐる。即ち，下へ行

くに従つて，一番上の二倍三倍四倍となる。
　横の長さ：上下の列では，一定である。左右の行では，
　　右へ行くに従つて一糎づつ増してゐる。即ち，右に行
　　くに従つて，一番左の二倍三倍四倍となる。
（2）面積：左右の行では，右へ行くに従つて，一番左のの
　　二倍三倍四倍となる。上下の列では，下へ行くに従つ
　　て，一番上のの二倍三倍四倍となる。
（3）（1）と（2）とを考へ合はせて，縦が一定で，横が二倍
　　三倍四倍となると，面積も，二倍三倍四倍となる。
　　横が一定で，縦が二倍三倍四倍となると，面積も二倍
　　三倍四倍となる。
（4）左上から右下へ向つて斜な方向に，正方形が並んでゐ
　　る。さうして，面積は，1平方糎，4平方糎，9平方糎，
　　16平方糎といふやうに増してゐる。即ち，右へ行く
　　に従つて，一番左上のの四倍九倍十六倍となつてゐ
　　る。
（5）縦も横も二倍となると面積は四倍になる。縦も横も三
　　倍となると面積も九倍になる。縦も横も四倍となると，
　　面積は十六倍になる。
（6）縦横を取換へると同じになる矩形が，二つづつ右上か
　　ら左下の斜の方向にある。
（7）縦が二倍になり，横が三倍になると，面積は六倍にな
　　る。縦が三倍になり，横が二倍になつても，面積は六
　　倍になる等。

　以上の諸點は，上記のやうな言葉で表して，抽象的な理解に

達せしめるのではなく，具體的な例について，實質的に納得せ

しめんことを期すべきである。

緑表紙のとらえと本時

　長さ，面積，体積とその大きさを考えるときには，子どもたちが，ある単位量をもとに大きさを表していることを理解している必要がある。それぞれの例を示せば4cmは1cmの4つ分であり，4cm²は1cm²の4つ分であり，4cm³は1cm³の4つ分である。学習した当初はこの考え方を理解しているものの，求積の練習問題を続けていると忘れてしまうことがある。長方形の面積を求める場合に「縦の長さ×横の長さ」の計算を行う。子どもは，長方形の辺の長さを測ったり，提示されている長さをもとに計算したりするが，その根底には単位量となる正方形，例えば1cm²の正方形が，いくつ敷き詰められているのかを求める考え方がある。しかし，縦横に敷き詰められている数と縦横の長さが等しいことで，結果的には，縦と横の長さをかけ合わせて面積を求めることとなる。また体積においても，柱体の体積などを求めるときに「底面積×高さで求められる」という知識だけで考える子どももいる。小学校では，単位量のいくつ分と考えているので，本来は底面積に高さをかけると体積が求められるということに違和感をもたねばならないが，計算結果重視になってしまうと，疑いをもたなくなってしまう。「底面積×高さ」を小学校の子どもたちが理解するためには，例えば，立体の底に1cm³の立方体が敷き詰められている数を求めて（底面積にあたる部分），それが何段重なっているか（高さをかける）を求めているということを理解する必要がある。

　また，面積（cm²）も体積（cm³）も，長さ（cm）をもとにしてつくられた単位であり，その表記の中に「cm」が入っているため，子どもたちの誤解を招きやすい。「正方形の1辺の長さを2倍にしたら面積はどうなるでしょう」「長方形の縦と横の長さを2倍にしたら面積はどうなるでしょう」と発問したときに「2倍になります」という誤答が多い理由の1つがここにある。長さも2倍だから面積も2倍になるという誤った考え方である。このような誤答を導き出してしまう要因には，単位の問題とともに，長さを2倍にしたときの図形をイメージできていないということがある。このような誤りを減らし，長さと面積（体積）の関係を丁寧に理解する上でもこの原題は価値がある。

　竹上先生も，図形の概念についての理解が不十分であることを問題提起している。そこで面積が変わっていく様相に着目させることによる発見と，その発見を精密に説明できるようすることに重点を置いている。原題では「各ノ矩形・正方形ノ面積ヲイヒナサイ。ソレニツイテ，ドンナコトガワカリマスカ。」と緑表紙らしい発問をしており，解答の方向性を定めていないが，本題では「右側，下側には，どのような正方形や長方形をかけばよいでしょうか。」としている。この発問によって，子どもが変化した正方形や長方形について，変化前の長方形をもとにどこがどのように変化したかを具体的に説明できるように促す工夫がされている。初めに正方形の横の長さが伸びる変化に注目して，次に縦に伸びる変化に注目し，その2つの変化が同時に起こる場合を操作活動から発見できるように授業が組み立てられており，順を追ってイメージがもてるようになっている。

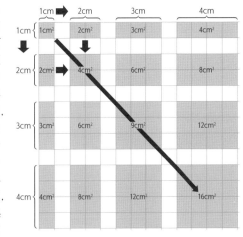

　また原題の注目すべき点は，辺の長さが長くなるにつれて，面積が子どもたちの予想以上に増え，その変化に規則性（2次関数 $y = x^2$）がある様子を図として表現できるようにしているところである。

正方形の1辺の長さと面積の関係

1辺の長さx（cm）	1	2	3	4	5	x
正方形の面積y（cm²）	1	4	9	16	25	x^2

本題ではこの2乗になる様子を九九表と関連づけていることにも注目したい。九九表において2乗の部分は，表の対角線に位置するところにあり，子どもたちにとっても特別に見えるところだろう。その気づきと，正方形の辺の長さと面積の変化を重ねることによって，数学的な見方を深めることができる。

（鈴木　純）

変わり方調べ
図や表を使って考えよう!!

図にするとわかりやすいね。

執筆者：中野区立平和の森小学校　高木　清

> 　家ノ前ニ電車ノ線路ガアリマス。十二分間ニ、三回電車ガ通リマシタ。
> コノ割合デ電車ガ通ルトスレバ、午前九時カラ午前十時マデノ間ニハ、
> 何回通ルコトニナリマスカ。

🔍 変わり方を調べよう。図や表を使って考えよう。

　この問題の原題は，電車が通る時間と回数の関係を比例として理解させるねらいで緑表紙の4年上巻に示されている。現在の教科書では，比例の学習は5年に配当されているが，4年「変わり方調べ」では比例の素地，2年「倍の計算」などでは図を使って考えさせるねらいがあり，その題材としてもよい内容である。時刻を数直線や表などで表して考えさせ，図や表を用いるよさを実感させることもねらいとなる。

　また，問題のとらえ方が2通りあり，同じとらえ方でも複数の解決方法が考えられる。5・6年を対象としても，十分に考え方を広げ，深めることができる教材であると考える。

【とらえ方1】「12分間に3回電車が通る」という情報から，「4分間隔で電車が通る」ととらえる。

時刻	9:00〜9:12	9:12〜9:24	9:24〜9:36	9:36〜9:48	9:48〜10:00
回数	3	3	3	3	3

①比例の考え方　　　式　1時間＝60分　60÷12＝5　3×5＝15　　　答え　15回
②4分間隔の考え方　式　12÷3＝4　60÷4＝15　　答え　15回

【とらえ方2】「12分間に3回電車が通る」という情報から，「6分間隔で電車が通る」ととらえる。

時刻	9:00〜9:12	9:12〜9:24	9:24〜9:36	9:36〜9:48	9:48〜10:00
回数	3	2	2	2	2

①比例と重なりの考え方　式　1時間＝60分　60÷12＝5　3×5＝15
　　　　　　　　　　　　　　9:12 9:24 9:36 9:48は重なるから15－4＝11　　　答え　11回
②6分間隔の考え方　　　式　12÷2＝6　60÷6＝10　10＋1＝11　答え　11回
　この6分間隔で解決していく際に，「始めの6分では2回通る」にも着目する必要がある。
　そこで　式　60÷6＝10　　答え　10回　という考え方を取り上げ，これを図と照らし合わせることで「間の数（6分間隔）が10でも目盛りの数（電車が通る回数）は11」ということを確認させる。
　2通りのとらえ方を見つけて比例で考えたり重なりに着目したり，目盛りの数と間の数に着目したりと，数学的な見方・考え方をたっぷりと学べる教材である。

用意するもの	数直線，表

📖 **授業展開**　本時は「変わり方調べ」の学習後に，比例の素地を養う学習として行う。

1 問題を把握する。

> 家ノ前ニ電車ノ線路ガアリマス。十二分間ニ、三回電車ガ通リマシタ。コノ割合デ電車ガ通ルトスレバ、午前九時カラ午前十時マデノ間ニハ、何回通ルコトニナリマスカ。

2 自力解決する（図や表や式を使って考える）。

🅒1 12分間で3回なら，次の12分間でも3回通る。
　式　1時間＝60分　　60÷12＝5　　3×5＝15
　答え　15回

🅒2 12分間で3回なら，4分間で1回通る。
　式　12÷3＝4　　60÷4＝15
　答え　15回

🅒3 12分間ピッタリで3回なら，次の12分間でもピッタリ3回通る。でも，1回重なる。
　式　60÷12＝5　　3×5＝15　　15－4＝11
　答え　11回

🅒4 12分間ピッタリで3回なら，重なりの分をひいて，12分間で2回。6分間で1回通る。
　60分を6分ずつ分ける。（誤答）
　式　60÷6＝10
　答え　10回

🅒5 12分間ピッタリで3回なら，6分間で1回通る。
　ただし，始めの6分間だけ2回通る。
　式　60÷6＝10　　10＋1＝11
　答え　11回

3 考え方を共有する。（1）

🅣 どのように考えましたか。式を発表してください。

🅒1 1時間＝60分　　60÷12＝5　　3×5＝15

🅒2 12÷3＝4　　60÷4＝15

・下のような，時刻を表す数直線や表を示して，考える手立てとさせる。

```
|——————|————————————————|
9:00   9:12              10:00
```

時刻	9:00～9:12	9:12～9:24	9:24～9:36	9:36～9:48
回数	3			

Point 学びを深めるポイント

式のみで表現している子どもには，その式につながる考え方を数直線や表，言葉などを使って表すように声をかける。

・4分間隔で通る場合と，6分間隔で通る場合に分ける必要性に気づいた子には，それぞれの場合で求めるように声かけをする。

Point 学びを深めるポイント

なぜ「＋1」が必要なのか，数直線や表，言葉などを使って表すように声をかける。

Point 学びを深めるポイント

式で考える子どもが多いことが予想される。そこで，式を先に見せ，その意味を問い，図や言葉で説明させる展開とする。

4 考え方を検討する。（1）

Ⓣ C1の式を図と言葉で説明しましょう。

Ⓒ 12分間で3回なら，次の12分間でも3回通る。
60分を12分ずつ分けると5つ分になる。

Ⓣ C2の式を図と言葉で説明しましょう。

Ⓒ 12分間で3回なら，4分間で1回通る。
60分を4分ずつ分けると15回分になる。

5 振り返る。（1）

4年（または5年）の指導については，ここまでの解決方法を中心とし，比例の見方・考え方を表で確かめる。

時刻	9:00～9:12	9:12～9:24	9:24～9:36	9:36～9:48	9:48～10:00
回数	3	3	3	3	3

また，子どもたちの考え方の中に「6分間隔」があれば，取り上げる。6年の指導については，「6分間隔」の考え方を引き出し，以下のようにつなげる。

6 考え方を共有する。（2）

Ⓣ 12分間で3回だから4分間で1回という考えでしたね。でも，違う間隔で考えた人もいました。式を発表してください。

Ⓒ3 $60 \div 12 = 5$　$3 \times 5 = 15$　$15 - 4 = 11$

Ⓒ4 $60 \div 6 = 10$

7 考え方を検討する。（2）

Ⓣ C3の式を図と言葉で説明しましょう。

Ⓒ 12分間ピッタリで3回なら，次の12分間でも，ピッタリ3回通る。でも，1回重なる。

・式と図と言葉で理解を確実にしていけるように板書する。

・具体的な時刻を例示する説明を引き出し，共有する考えを明確にする。

例　　12分間　　　　　12分間　　…

| 9:01 9:05 9:09 | | 9:13 9:17 9:21 | …

・ピッタリ4分間隔ではなく，平均で考えていることに触れる。

・比例の考え方の素地となるように「同じ時間」の中で「同じ回数」の電車が通ることを表でまとめる。

緑表紙からのメッセージ

問題文に条件不足な点がある。12分間に3回通るという条件では，

1．12分間の中で3回通る。
　⇒平均4分間隔

2．12分間ピッタリで3回通る。
　⇒平均6分間隔

の2通りが考えられる。

T C4の式を図と言葉で説明しましょう。

C 12分間ピッタリで3回なら6分間で1回通る。
（始めの6分間の9時ちょうどを数えていない）

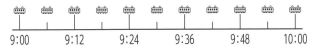

C この図だと，11回になっているよ。

T 6分間隔で式を立てたのに図と合わないね。

C5 10＋1＝11になると思うよ。

T 何で「＋1」をするのかな。

C 9時ちょうどの1回を加えるからだよ。

8 振り返る。（2）

T 学習を通してわかったこと，気づいたこと，疑問に思ったことをまとめましょう。

C 4分間隔と6分間隔の2通りの考え方があった。

C 答えが2つあって，不思議だった。

C 図や表に表すと考えやすい。

・4分間隔と6分間隔の違いを図で明らかにする。

・3年で学習した「間の数」に触れる。

緑表紙からのメッセージ

条件不足の問題では，条件が整っているかを判断したり，条件を場合分けして設定したりする必要がある。また，条件過多の問題では，本当に必要な条件は何かを判断することが大切となる。このような経験が数学的な見方・考え方を広げ，深めることにつながる。

第3章

4年 変わり方調べ

本時の板書

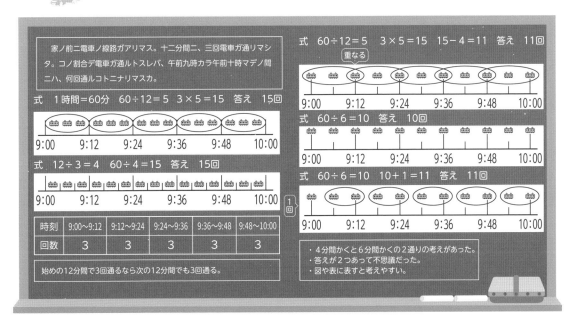

107

（8）家ノ前ニ電車ノ線路ガアリマス。十分間ニ三回電車ガ通リマシタ。コノ割合デ電車ガ通ルトスレバ,午前六時カラ午後十時マデノ間ニハ,何回通ルコトニナリマスカ。

家ノ前ニ電車ノ線路ガアリマス。十二分間ニ、三回電車ガ通リマシタ。コノ割合デ電車ガ通ルトスレバ、午前九時カラ午前十時マデノ間ニハ、何回通ルコトニナリマスカ。

緑表紙教師用指導書　　　　　　　　　　第４学年教師用　上　p.235

八番

　　正比例の問題である。一分間に三回の割合といふやうな場合は，第三學年用下卷で指導したところではあるが，此處でも，一應明らかにして置くがよい。即ち，例へば，午前六時から六時十分までに三回通つたとすると，六時十分から六時二十分までの間にも三回，六時二十分から六時三十分までの間にも三回通るといふ意味であることを説明するのである。

　　これが明らかになれば，一時間に何回通ることになるかがわかり，午前六時から午後十時までは，何時間あるかを計算し，それを一時間に通る回數に掛ければよいことは，兒童も大した困難なく氣付くであらう。

　　即ち，　　　　　10 分間に　3 回
　　　　　　　　　　1 時間に　18 回
　　　　　　午前六時から午後十時まで16時間

緑表紙のとらえと本時

　緑表紙では関数的な内容を重視しており，低学年からその素地を教材の中に散りばめている。原題も教師用書の冒頭で「正比例の問題である。」と書かれている。また，電車の発車時刻というのは，子どもたちにとっても身近な日常事象であり，考えやすい内容となっている。時間が経つのに伴って，通過した電車の数が増えていく様は正比例であるが，高木先生が指摘するように，原題のままでは，とらえ方が2通り出てきてしまう。そこで，高木先生は，この問題を解決した改題を子どもたちに提示するのではなく，この場面を子どもたちに注視させることで，より日常事象に近づけた問題としている。

　日常事象を取り扱う際には，情報を吟味したり取捨選択したりする必要がある。現代の算数で扱われる問題ではこのような部分が欠けていることが多い。しかし，実際の生活で算数の知識，技能，考え方を活用するためにはこのような場面での判断力が必要となる。

　原題は10分間に3回電車が通るという問題だが，高木先生は，2通りのとらえ方を計算しやすいように12分間に改題している。

　1つ目のとらえ方は「12分間に3回電車が通る」というとらえ方で，次の12分間に出発する電車と重なりがないという考え方である。【とらえ方1】①は，指導用書にある比例としての解決である。12分間に3回通過する「3」を比例定数とし，通過した電車の本数の累計をyとして，12分間がx回と考えたときに$y=3x$の比例式が成立する。

12分間の回数x（回）	1	2	3	4	5	…
通過した電車の本数y（本）	3	6	9	12	15	…

　この場合は，$y=3×5$となり，15回という答えが出てくる。【とらえ方1】②は，割合の考え方である。原題の教師用書では「一分間に三回の割合」というように3年で指導した割合（単位あたりの量）をスパイラル的に扱い定着をさせようとしており，本題ではその思いを授業に活かしている。

　2つ目のとらえ方は，重なりがある考え方である。この場合は植木算の思考が必要となる。本書でも，篠田先生が3年「間の数」の問題で植木算を扱っているが，スパイラル的な定着をここで図ることができる。さらに，3年の植木算と異なる部分として，木や柱といった物質的なものではなく電車の通過という新しい観点で日常事象をとらえられるという点がある。【とらえ方2】①では，比例の考え方を用いると同時に，時間という物質ではないものを数直線に模した図を作成することで，具現化して子どもたちが考えられるようにしている。緑表紙では，子どもたちが思考する際に，図を用いることの大切さを重視している。この図そのものが出てこなくても，その原型となるようなものは子どもたちの発想にはあるだろう。それを取り上げて，丁寧に図にしていくことで，「重なる」という状況を理解するとともに，解決に進むと考えられる。【とらえ方2】②についても図絵を用いることで重なりが見えてくると考えられる。この授業を通して問題解決における図の必要性を感じさせることもできるだろう。

（鈴木　純）

5年 多角形と円
飛行機の飛ぶきょりを調べよう

地球1周の距離がわかる!?

執筆者：別府市立亀川小学校（作成時 別府市立南小学校）重松　優子

飛行機が赤道の上で，5000mの高さを保って地球を1周するとすれば，この飛行機は赤道の周回よりどれだけ多く飛びますか。

直径が増えると円周も増えるという比例関係に気づくことができる。

　円周の差を求めるときに図形間の関係に着目して直径を見出したり，答えから新しく考察したりすることを通して多面的に円周を見る力を養う。

　5年の「正多角形と円」の学習時に円周について学ぶ。円周は，円に内接する正六角形よりも大きく，外接する正方形よりも小さいので，円周の長さは正六角形の周りの長さ（半径の6倍）よりも大きく，正方形の周りの長さ（直径の4倍）より小さい。このことから円周率が少しずつ見えるようになり，帰納的な考え方から，円周の長さは直径×円周率，という公式を学ぶ。

　しかし円周の求め方は，子どもたちが日常的に目にするものではない。単元テストのときには覚えているものの，6年になったとき「円の面積」の学習の導入で想起させても覚えていないことが多い。子

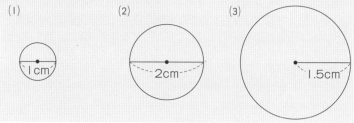

【1】　次の円の円周が何cmか求めなさい。円周率には3.14を使うこと。
(1) 1cm　(2) 2cm　(3) 1.5cm

どもたちにとって，必要性が薄く，自分の生活に密着していない問題が多いためである。上の図のような，たくさんの円から円周を求める，知識・技能を問う問題は多いが，思考・判断・表現を問う問題が少ない。

　そこで緑表紙の6年の教科書を読んだところ，子どもたちに意欲関心をもたせながら円周を使う必要性が存在し，多面的に考えられる教材を見つけることができた。

　赤道上5000mのところを飛行機が飛び，地球を1周するときの飛行距離を求める問題である。さらに，地球の円周よりどのくらい多く飛ばなければならないかを問うている。赤道上，という部分から円を考え，どの部分の長さがわかればよいかを子どもたちが自発的に話し合い，あの公式を使うと解けるということを改めて再確認できる上，この問題だからこそ円周について多面的に考えることができると考える。

第3章

5年 多角形と円

用意するもの	地球（もしくは円）の絵，電卓（児童用）

📖 **授業展開** 本時は，円周の学習後に行う。

1 問題と出合う。

　飛行機が赤道の上で，5000mの高さを保って地球を1周するとすれば，この飛行機は赤道の周回よりどれだけ多く飛びますか。

> 飛行機の飛ぶ距離を調べよう。

Ⓣ この問題の意味がわかる？

Ⓒ 赤道の上って？

Ⓒ 地球の周りを飛行機が飛んでいるってことじゃない？

Ⓒ 地球1周まるごと飛ぶってこと？

Ⓒ じゃあ，きれいな円だね！

2 問題文を把握する。

Ⓣ この問題で解ける？

Ⓒ 解けるよ？

Ⓒ えっ，解けないよ。

Ⓒ 5000mしか数がないから，5000×3.14じゃないの？

Ⓒ その5000は，直径じゃないよ。

Ⓒ 図をかくと，この問題はこうなっているんだよ（右図）。だから飛行機が外側の線。ね，5000mは直径じゃなくて，地球よりも5000m大きく飛んでいるってことだよ。

飛行機

Ⓒ 赤道の上で飛行機が飛んでいるのだから，まずその地球の周りの長さが知りたい。

Ⓒ いや，周りの長さじゃなくて，地球の直径じゃない？　だって円をかくと，地球から5000m離れたところに飛行機が飛んでいるわけだから，直径じゃない？

・子どもたちがわからない言葉を確認するように尋ねながら問題を書いていく。

・赤道の上とはどういうことかを確認しながら，地球（球）を想起させる。

・問題の意味をしっかり把握できていなかったり，問題が頭に描けていなかったりして，5000という数と円周率を使って立式してしまうことがある。そこで丁寧に全員で問題文を把握し，図で表す必要がある。

🔖 **緑表紙からのメッセージ**

緑表紙の挿絵（下図）と同じ図ができることによって，直径が増えるとそれに伴って円周も増えるという比例関係を予想できる要素がある。

・子どもの言葉や図から，問題文の意図を全員が把握する。何を求めなければならないかがわかったところで，知りたい情報について考えさせる。

Ⓒ どういうこと？

3 半径を知り，飛行機の飛ぶ距離を考える。

Ⓣ 地球の半径は6370kmです。

Ⓒ ということは，直径は12740km？

Ⓒ じゃあ，地球はわかった！

Ⓣ 地球の何がわかったの？

Ⓒ 地球だけの円周はすぐにわかるよ。

Ⓒ 円周の求め方があった。

Ⓣ 円周の求め方はどうするのかな？

Ⓒ 直径×円周率。

Ⓒ 12740×3.14

Ⓒ ということは，地球の円周は40003.6kmだね！

Ⓣ 地球の円周がいるの？

Ⓒ 差を最後に求めるから，それは必要。

Ⓒ 12740＋5000で，17740kmが飛行機の円の直径になる？

Ⓣ そうか，飛行機の円の直径は5000をたすんだね。

Ⓒ いや，5000mになっているから，kmにかえて5kmになるんじゃないかな。

Ⓒ じゃあ12740＋5で12745kmになるね。

Ⓒ ちょっと待って！　5kmたすだけでいいのかな？直径なんだから，反対側の5kmも入るんじゃない？

Ⓒ 本当だ！　右と左を合わせないといけないから，5＋5＝10，10kmをたして12750kmが飛行機の円の直径になるね。

Ⓒ ということは，12750×3.14で40035kmだね。

4 差から，簡単に円周の差を求める方法に気づく。

Ⓒ これでやっと問題が解ける！

Ⓒ 40035－40003.6＝31.4だね。

Ⓒ え？　なんか見たことある数だなぁ。

Ⓣ 飛行機の方が31.4km長く飛ぶということですね。

Ⓒ すごいよ！　円周率に似てる。

Ⓒ 似てるっていうか，10倍した数になってる。

Ⓒ あー！　そういうことか！

・地球の半径について厳密にいうと，6370kmではないが，概数で表示する。

・必要に応じて電卓を渡す。

Point 学びを深めるポイント

5000m＝5kmと単位を合わせて考えるところにも言及する。5000m大きく飛ぶ，ということは結局直径で見ると10000m大きくなっていることに気づかせる。

Point 学びを深めるポイント

ただ答えが出て終わりではなく，その答えの31.4から円周率に類似していることに気づかせる。

T そういうことって，どういうこと？

C 今10倍した数って言ったでしょ？　3.14×10の答えと同じ数になるってことだよ。

C 差を求めたでしょ？　でもさ，結局地球の円周と飛行機の円の円周の差って，5km＋5kmの10kmじゃない？　だから10×3.14で求められるんじゃないかな。

C あ！　本当だ！

C 直径がわからなくても，差だけ求めるならここだけわかれば円周の違いがわかるんだよ。

C でも，どうして差だけで求められるのだろう。

C 数が大きいから，直径とすると
（直径＋10－直径）×3.14になるから，10×3.14で計算できるよ。

C 直径がどんな数でも，直径の差を円周率にかければ簡単に求められるね！

緑表紙からのメッセージ

上空5000mを飛ぶということは，地球の直径と飛行機の飛んだ円の直径の差10kmと円周率をかけると，2つの円周の差が自然と出てくる。円周のおもしろさもそうだが，計算が楽になるというよさを感じたことから図形の見方を改めて見直すことができる。

本時の板書

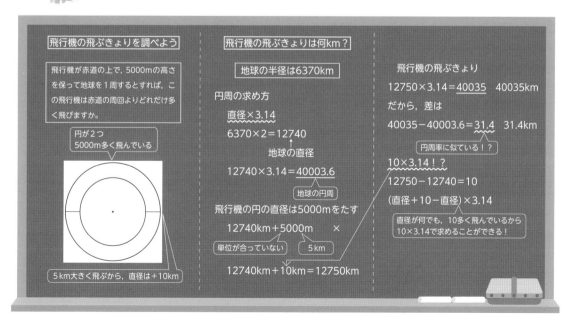

（1）飛行機ガ赤道ノ上デ,五千米ノ高サヲ保ツテ地球ヲ一周スルトスレバ,コノ飛行機ハ赤道ノ周囲ヨリモドレダケ多ク飛バナクテハナラナイカ。一時間三百粁ノ速サデ飛ブトスレバ,コノ飛行機ガ地球ヲ一周スルノニ何日何時間カカルカ。

飛行機が赤道の上で,5000mの高さを保って地球を1周するとすれば,この飛行機は赤道の周回よりどれだけ多く飛びますか。

第3章

5年

多角形と円

緑表紙教師用指導書　　　第6学年教師用　上　pp.179−180

一番（児・四十九頁）

圓の周圍の計算と,速さと距離についての計算とを行はせるものである。

地球の赤道半径は,児童用書第三十五頁で約6378km として敎へてある。随つて,計算は,次の通りにして,先づ周を求める。

赤道の周
$$6378km \times 2 \times 3.14 = 40100km$$

飛行機の飛ぶ距離
$$(6378+5)km \times 2 \times 3.14 = 40100km$$

これは,圓周率が三桁の概數であるから,結果も三桁だけ求める概算によつたので,これでは何の違ひもない。卽ち,5000米くらゐの高さで飛んでも,かやうな計算では,差を考へる必要のない程度であるといふことになる。しかし,明らかに相違はあるはずである。それには,圓周率を 3.1416 として計算すべきであることを敎へて,これを行はせる。

赤道の周
$$6378km \times 2 \times 3.1416 = 4,0074km \cdots (\text{イ})$$

飛行機の飛ぶ距離
$$(6378+5)km \times 2 \times 3.1416 = 4,0106km \cdots (\text{ロ})$$

これによれば,差は,次のやうにして得られる。
$$40106km - 40074km = 32km$$

かやうにして計算した後で,圓の直徑と周圍との關係を考へさせ,圓の周圍は直徑に比例することを想起させるがよい。これによつて,簡單な計算方法を児童が氣づけば,それを採上げるがよく,氣づかなければ,そのまゝで次に進む。

時速300km の飛行機で飛行する時間は,
$$40106km \div 300 = 134$$

として,約134時間,卽ち,
$$134 \div 24 = 5\frac{14}{24}$$

約五日十四時間を得る。

緑表紙のとらえと本時

　原題のねらいについて教師用書では「地球に関連して，円の半径と周との関係を明瞭にする。すなわち，比例関係を明瞭に得させるものである。」としている。緑表紙は数理思想を正しくすることを目的に編纂され，数学的な内容として関数を重視している。この原題もその考えの基につくられている。現代では円周を求める際に，円周率を教え，円周の長さを求める公式を指導し，直径と円周の長さが，円周率を定数とした比例関係であることも学習するが，その比例関係については定着されないこともある。重松先生の実践は，子どもたちが図などをかきながら行う問題解決を通して，比例関係を気づかせるためのきっかけとなる授業である。

　原題では赤道の半径（約6378km）について既習であるので，これを用いて指導する流れになっているが，改題では飛行機が赤道上空5000mを飛ぶ以外の情報は示さないという工夫を施している。ここに，この授業のまとめで子どもたちをより感動させ意識を高める2つのしかけがある。

　1つ目に，情報が少ないため，子どもたちが文章の状況を自らイメージするために絵などをかきたくなるように促している。実践では緑表紙にあるような絵を見せていないこともあり，子どもたちは5000mと直径の関係を考えるために図をかき始めている。一見不親切に見える問題設定をすることによって，子どもたちが自ら考えて動けるようにしている。緑表紙では不親切に思える問題が数多く存在するが，それゆえに子どもたち自ら工夫できるようになっている。この考え方を重松先生は理解して，活用している。

　2つ目に，最初に地球の半径や直径を知らせないことで，授業のまとめにおいて半径や直径がわからなくても答えが導き出せるということを，子どもたちに強く印象づけている。

　教師用書も，この実践も，最初に飛行機の飛んだ距離と円周を求めてその差を求めている。改題では，その差が31.4kmになることを見やすくするために，地球の半径を約6370kmで提示している。差の31.4kmと円周率の3.14の数の関連性に子どもたちは注目して，直径が10km増えたら，円周は増えた分の直径×円周率で求められることに気づく。ここが2つ目のしかけにつながり，地球の直径（半径）の情報がなくても求められるという大きな感動につながっている。合わせて，どうして差だけで求められるのかという疑問が生まれる。この授業の後に円周を求める公式を見直し，比例としてみていく授業が構築できるだろう。教師用書では一つの円があったときに，その直径が増したときの円周の増加は，直径の増加に円周率をかけたものであることを右図のように説明している。この実践では，地球と飛行機の飛んだ距離における直径の増加率は約1.00078倍で，円周の増加率も約1.00078倍である。この計算からも子どもたちは，片方の数値が2倍3倍と変化したときに，もう片方の数値も2倍3倍に変化するという正比例の特徴を見出すことができるだろう。

　また教師用書では円周率が3.14ではなく，3.1416で計算することで，円周の差を明らかにしている。ここには子どもたちが「円周率＝3.14」と覚えてしまうことへの注意や，比較場面においては円周率の値を変更して計算する必要性を示している。この原題は地球の規模の大きさを子どもたちに感じさせる内容になっており，次に設定される問題も，地球の規模の大きさを意識したものである。さらに有効数字の考え方についても言及している。　　　　　　　　　　　　　　　　（鈴木　純）

円周の公式を正比例としてみる

> 円周の公式
>
> 　円周＝直径×3.14（円周率）
>
> 正比例の式
>
> 　$y = ax$
>
> 正比例として直径と円周の関係をみる
>
> 　円周＝直径×3.14（円周率）
>
> 　$y\ =\ x\ \times\ a$
>
> ⬇
>
> 　円周＝3.14（円周率）×直径
>
> 　$y\ =\ \ \ a\ \ \ \ \times\ \ x$

円周の増加＝直径の増加×円周率（教師用書に加筆したもの）

> 円周をS，半径をR，半径の増加をr，円周の増加をsとする。
>
> S＝2πR（2πを定数とする比例式）
>
> S+s＝2π（R+r）
>
> S+s＝2πR+2πr　　　　※分配法則
>
> 　s＝2πR+2πr−S　　※S=2πR
>
> 　s＝2πr

どことどこを比べた割合かな？

図を頼りに割合を予想し，計算して確かめる！

執筆者：立川市立第九小学校　上月　千尋

中村くんの家を真上から見た図です。

どの問題とどの答え(割合)がセットになるでしょうか？

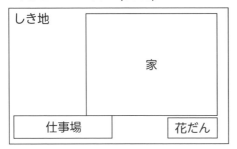

問題	答え
仕に対する花の割合	0.45
花に対するしき地の割合	0.03…
しき地に対する花の割合	0.525
しき地に対する家の割合	29.62…

（図：しき地　家　仕事場　花だん）

第3章

5年　割合

🔍 計算に終始せず，割合のイメージをもって問題解決を！

　5年の「割合」では，基準量を1，比較量を割合として小数で表すことで，資料の全体と部分，あるいは部分と部分の関係同士を比べる場合があることを理解することと，そのような比べ方ができるようにすることを学習する。また，比べ方については，数量の関係を図や式を用いて表したり，図や式から数量の関係を読み取ったりしていくことも大切である。このような力を子どもたちに身につけさせるために，本題は次の2点において価値があると考える。

① 面積が正確に表された図から量のイメージをもつ

　図の敷地全体，家，仕事場，花壇それぞれの縦・横の長さを計測し面積を求めてみていただくとわかるように，面積比が授業後半で示す問題の数値にかなり忠実に描かれている。このような図を提示することによって，子どもたちは問題場面のイメージとともにだいたいの割合のイメージをもつことができる。問題場面の把握がしっかりと行われることで，子どもたちは提示された図や数値をもとに，テープ図や数直線図，式に表して問題解決をすることがより容易になると考える。また，「このくらいの割合かな」と見当をつけて問題解決をする姿勢は日常生活の様々な場面で活かされるものであり，日常生活と算数の授業をより関連づけることにつながっていく。

② 1つの場面で，基準量・比較量をさまざまに変えてその割合を求める

　本題では「〇に対する□の割合は？」と基準量・比較量を1つに限定せず，どのような問題がつくれるか子どもたちが想像したり，その上で提示される問題カードで4通りの問題について考えたりする。緑表紙教師用書でも「納屋の建坪の母屋の建坪に対する歩合，及び，母屋・納屋の建坪を合わせたものの敷地に対する歩合をも求めさせるがよい。」とあり，さまざまな基準量・比較量を設定して割合を求めるよう促している。割合の問題において「何がもと(基準量)で，何が比べられる量(比較量)かわかりづらい」という子どもがいる。「問題をつくる」という要素を授業に取り入れることにより，基準量・比較量を子どもたち自身が設定する必要性が生まれ，「もと(基準量)とは何か，比べられる量(比較量)とは何か」そして「(それらから求められる)割合とは何か」という理解が深まると考える。

用意するもの	中村くんの家の図，問題カード，答えカード，面積が書かれた板書カード

📖 **授業展開** ┤ 本時は「割合」の学習後に行う。

1 問題を把握する。

　中村くんの家を真上から見た図を見せる。

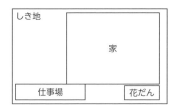

　「○に対する（もとにしたときの）□の割合はどれだけでしょうか」と板書。

Ⓒ ○と□に，家や仕事場，花壇という言葉を入れて問題をつくるのだと思います。

2 ○と□に入る2量のうち，どちらが基準量でどちらが比較量にあたるのか確認する。

Ⓣ 敷地全体に対する仕事場の面積の割合は，0.075と13.33…のどちらでしょうか。

　(しき地)に対する(仕)の割合 → ｜ 0.075 ｜ か ｜ 13.33… ｜

Ⓒ 敷地全体がもとになるから，0.075です。

Ⓒ 仕事場がもとになるから，13.33…です。

Ⓣ 「仕事場の割合」ということは，敷地全体を1とみて仕事場の面積を小数で表すということですね。

Ⓒ 敷地全体がもとにする量で，仕事場の面積が比べられる量です。割合は，比べられる量÷もとにする量で求められます。

3 ○と□に家，仕事場，花壇，敷地全体のいずれかを入れてつくった問題カードと，その答えとなるカードを組み合わせる。

　問題カード，答えカードを黒板に貼る。

〔問題〕 (仕)に対する(花)の割合　〔答え〕 0.45

　　　　 (花)に対する(しき地)の割合　　　 0.03…

　　　　 (しき地)に対する(花)の割合　　　 0.525

　　　　 (しき地)に対する(家)の割合　　　 29.62…

・図は，敷地が12m×20m，家が9m×12m，仕事場が2m×9m，花壇が1.8m×4.5mの縮図とする。

◆ **緑表紙からのメッセージ**

緑表紙児童用では「母屋の建坪の敷地に対する歩合」「納屋の建坪の敷地に対する歩合」のみを問うているが，教師用書にはほかにも基準量・比較量をさまざまに変えて割合を求めるよう書かれている。そこで，問題の基準量・比較量にあたる言葉をあえて空欄にすることで，子どもたちが自らさまざまな場合について割合を求められるようにした。

・本題の中心となる問いに入る前に「何を基準量としてみているのか」「比較量にあたるのはどれか」を確認し，学級全員のスタートラインをそろえるための1題である。

・必要に応じて，問題をほかの言葉で言いかえたり，言葉の式で整理したりするなど，これまでの学習でその学級の子どもたちが理解してきた言葉を用いて確認する。左欄T「仕事場の～」は，その一例である。確認した言葉や式は板書として書き残し，授業の中で振り返ることができるようにする。

第3章

5年

割合

T どの問題とどの答えがセットになるでしょうか。家や仕事場，花壇，敷地全体の面積（数値）がわからなくても，セットにできるものはありますか。

C ３つの問題の中で，花に対するしき地の割合だけ，比べられる量よりもとにする量の方が小さい面積です。だから１よりも大きな割合になります。

C 花に対するしき地の割合と 29.62… がセットになります。

4 図を手がかりにして，残る３枚ずつの問題カード・答えカードの組み合わせを考える。

T 残っている３枚ずつのカードは，どのようなセットになるでしょうか。予想してみましょう。

C 仕に対する花の割合と しき地に対する家の割合 はどちらも半分くらいに見えます。だから，0.45 か 0.525 だと思います。

C 図を見ると，花壇は敷地全体に比べてとても小さいので，しき地に対する花の割合 は 0.03… です。

5 計算で割合を求めて，どの問題カードとどの答えカードがセットになるのか確かめる。

面積（数値）を提示する。

しき地全体の面積	240 m²
家が建っている部分の面積	108 m²
仕事場が建っている部分の面積	18 m²
花だんの面積	8.1m²

C 割合＝比べられる量÷もとにする量で求められるので，

仕に対する花の割合　8.1÷18＝0.45
しき地に対する花の割合　8.1÷240＝0.03…
しき地に対する家の割合　108÷240＝0.45

C えっ，おかしいです。答えが0.45になる問題が2つありました。

C 面積が違っても，割合が同じになることがあるんですね。

・カードに書かれた問題文だけでは量のイメージをもつことは難しい。初めに示した図と同じ大きさで敷地全体，家，仕事場，花壇のカードを用意して問題文と一緒に提示したり，およその面積のイメージを問題文に合わせて子どもたちに手で表現させたりする。量のイメージをもつことで「花壇に対する敷地全体の割合」のみが基準量＜比較量となっていることに気づくことができる。

Point 学びを深めるポイント

面積（数値）を与える前に，セットにできるものはないか予想する場面を設ける。そうすることで，図に戻って割合の見当をつける必然性が生まれる。

・「（花壇と仕事場，家と敷地全体は）面積は違うけれど，割合は同じ」「敷地全体に対する花壇の割合は，３％しかない」など，割合についての気づきを価値づけて全体に広げる。

第3章

5年
割合

6 セットにならない答えカードについて，その問題カードを考える。

Ⓣ 0.525は，どの面積を1とみたときのどの面積の割合を表しているのでしょうか。

Ⓒ 何かの半分より大きいということになります。

Ⓒ どこかとどこかを合体させたのかもしれません。

Ⓒ もし，家と花壇を合体させたら……，
　　　　面積：108＋8.1＝116.1　　　116.1m²
　　この面積の敷地に対する割合を求めてみよう。
　　　　116.1÷240＝0.48…

Ⓒ もし，家と仕事場を合体させたら……，
　　　　面積：108＋18＝126　　　126m²
　　この面積の敷地に対する割合を求めてみよう。
　　　　126÷240＝0.525
　　0.525 は，しき地 に対する 家＋仕 の割合です。

Ⓒ 割合同士をたし算しても，同じ答えが出せそうです。
　　しき地 に対する 家＋花 の割合
　　　　0.45＋0.03…＝0.48…
　　しき地 に対する 家＋仕 の割合
　　　　0.45＋0.075＝0.525

緑表紙からのメッセージ

緑表紙教師用書には「母屋・納屋を合わせたものの敷地に対する歩合」も求めさせるよう書かれている。既に求めた「母屋の建坪の敷地に対する歩合」「納屋の建坪の敷地に対する歩合」を活用し，簡単に答えを求められることに気づかせるねらいがある。本題でも，左のように丁寧に計算した上で，割合の和となっていることに気づかせ，なぜそのようなことができるのか考えるきっかけとしたい。

・多くの場合，割合同士をたすことはできない。子どもたちの誤解を招かぬよう「もとが同じであるならば」という前提を確認するとともに，必要以上に「割合をたすこと」を強調することは避ける。

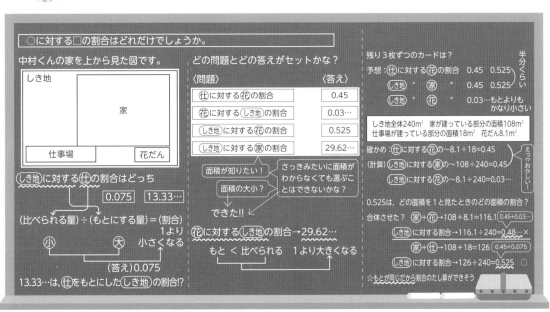

本時の板書

（２）中村君ノ家ノ敷地ハ二百五十坪アル。母屋ノ建坪ハ三十坪デ,納屋ノ建坪ハ十八坪デアル。母屋ノ建坪ノ敷地ニ對スル歩合ハドレダケカ。

納屋ノ建坪ノ敷地ニ對スル歩合ハドレダケカ。

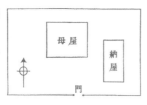

中村くんの家を真上から見た図です。
どの問題とどの答え(割合)がセットになるでしょうか？

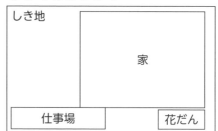

問題	答え
仕に対する花の割合	0.45
花に対するしき地の割合	0.03…
しき地に対する花の割合	0.525
しき地に対する家の割合	29.62…

緑表紙教師用指導書

第5学年教師用　下　p.123

二番

敷地二百五十坪に對する母屋の建坪三十坪の歩合，及び，敷地に對する納屋の建坪十八坪の歩合を求めるものである。

面積の單位坪及び家の建坪については，第五學年用上卷で取扱つたところであるが，此處で一通り復習して置くがよい。

計算は，歩合の意味さへわかつてゐれば，容易に出來るであらう。

計算　　30÷250＝0.12　　　一割二分
　　　　18÷250＝0.072　　　七分二厘

この際，納屋の建坪の母屋の建坪に對する歩合，及び，母屋・納屋の建坪を合はせたものの敷地に對する歩合をも求めさせるがよい。

計算　　18÷30＝0.6　　　　六割
　　　　(30＋18)÷250＝0.192　　　一割九分二厘

後の方は，前に求めた母屋・納屋の各々の敷地に對する歩合を加へ合はせても求められることに氣づかせるがよい。

緑表紙のとらえと本時

　教師用書はこの原題の位置づけを，計算での割合の求め方はすでに理解している子どもたちに対して，実際の場合についてその適用をはかることとしている。昭和10年という時代背景を考えたときに，当時の子どもたちにとっては，尋常小学校を卒業した後に働くということがかなり身近にあったことを踏まえたい。つまり，土地の広さやその比較を割合で行うということは社会に出て扱うことがあり，実践的な日常事象と考えてよいだろう。また，原題については「中村くん」という主人公を軸に，この後もいくつかの割合の問題が続いている。同じ主人公にいろいろな場面を体験させることで，子どもにとって割合の考え方が身近な生活のさまざまな分野で扱われていることに気づかせようとしているのではないだろうか。このように，1人の主人公を軸にいくつかの場面をつなげていく手法は，緑表紙の特徴の1つといってよいだろう。

　上月先生は，本実践の価値について2つの観点を述べている。1つ目は「面積が正確に表された図から量のイメージをもつ」ということである。この原題の図（右図）を見てみると，上月先生の改題と同様に建物と土地の縮尺がかなり正確にかかれている。さらに，母屋の横の長さが約2cm，納屋の縦の長さも約2cmなので，合わせた面積をイメージしやすい。教師用書には「母屋・納屋の建坪を合わせたものの敷地に対する歩合も求めさせるがよい。」と書かれており，この問題をイメージしやすい縮図になっている。そのほかの部分もミリ単位の誤差はあるが，さまざまな割合を考えられるように設定されている。敷地内に母屋や納屋を敷き詰めることも可能なことがわかる。この点が，上月先生が指摘する2つ目の観点となる。きりのよい縦横の長さの関係から，さまざまなパターンの割合を考えることができる。

　緑表紙の編纂者の1人である高木佐加枝（1973，p.17）は，編集にあたる留意点の一般的事項として「教材を児童の心理に適合させる。そのためには，記述の様式をして児童の考察発展を促しやすいようにする。」ということを挙げている。本題の原題が，「中村くん」を主人公とした1つの世界観が存在することに加えて，思考する際に活用できる図となっていることからも，この留意点が重視されていることがわかる。実際の授業では，画用紙に写し取るなどして，切り取って，操作活動を通して考えることができる。

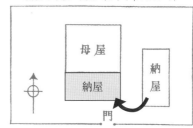

納屋と母屋の関係（5年下 p.42から）

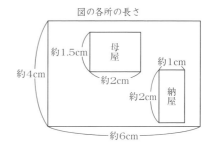

図の各所の長さ

　また，上月先生の工夫している点として，文章と割合を見せているが式は見せていないことが挙げられる。この点については，原題が割合の基礎計算ができていることを前提としていることを踏まえて，割合と実際の2量の大きさを比較したときの感覚を子どもたちにつけさせようとしているのである。一般的に割合の指導をしたときに重視されるのが，割合の公式などの立式である。しかし，この立式ばかりにとらわれていると，計算結果としての割合が間違っていても，子どもは違和感をもたない。この実践では，割合のイメージを量感のようにもたせようとしている試みがある。

　緑表紙児童用書では，この原題の後に「中村くん」の家の1年間の米の収穫高と食べた米の割合，1年間の収入と支出の割合，村の耕地面積とほかの面積の割合，村の人口と男女の割合，村の農家と農家以外の割合といったように「中村くん」を中心に視野を広げていっている。教師用書では，一連の問題の解説の後にそれぞれの学校においてつくった問題をもって児童用書の代わりとするのもよいと述べられている。この点からも，割合を，より身近に実践的に扱うことを重視しているといえる。

（鈴木　純）

5年 分数のたし算とひき算
たし続けたらどうなるのかな…考えよう!!

天まで伸び続けるかな？

執筆者：中野区立平和の森小学校　高木　清

或所ニ，一本ノ木ガ生エタ。最初ノ一年ニ高サガ一米トナリ，次ノ一年ニ50糎ノビ，ソノ次ノ一年ニ25糎ノビルトイフヤウニ，毎年ソノ前年ニノビタ長サノ半分ダケノビルモノトスルト，コノ木ハドコマデノビルデアラウカ。

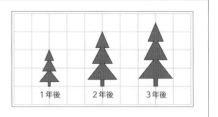

1年後　　2年後　　3年後

🔍 限りなく一定値に近づく規則的な増え方があることを理解する。

第3章

緑表紙6年下「イロイロナ問題」では等比数列の和についての問いが3問続くが，本題はそのうちの2問目にあたる。1問目では，初項1，公比2の場合について「池の周りを1周する時間とその合計時間」の場面を設定し，20周した時にどれだけの時間がかかるか見当をつけてから計算をさせる。計算を繰り返していく過程で，子どもたちはその合計時間の膨大さに驚くであろう。また「1周する時間」と「合計時間」との関係をとらえる子どもも現れるであろう（例「1周する時間」を2倍して1ひけば「合計時間」になる）。さらに，20周目にかかる時間は524288分，20周目までの合計時間は1048575分を要するところまでたどり着いたところで「分を時間」「時間を日」へと単位を変える考え

周目	1	2	3	4	5	…	20
かかる時間（分）	1	2	4	8	16	…	524288
合計時間（分）	1	3	7	15	31	…	1048575

$524288 \times 2 - 1$

を引き出し「約2年もかかる！」という，見当をはるかに上回る結論を導かせる。合計時間の変わり方の大きさに気づかせ，変わり方の規則性を見つけさせ，まだまだ限りなく大きくなっていくことに触れながら本題である極限値をもつ等比数列へつなげていく。

そして原題である2問目では，初項1，公比$\frac{1}{2}$の場合について「木が伸びた長さと木の高さ」という場面を設定し，木がどこまで伸びるかを想像させる。「どこまでも限りなく伸び続けていく」と考える子どもも「どこかに限界があるだろう」と考える子どももいるであろう。

本授業は，5年生の「分数のたし算とひき算」の発展として扱う。小数では計算が大変であることに気づかせ，分数の計算をさせる。すると，通分した分母が2倍になっていくことに気づく。また，分子が分母の2倍より1小さいという関係をとらえる子どもも現れるであろう。

年数が限りなく増えても，木の高さは「分子は分母の2倍より1小さい」という分子と分母の関係が続くことから「2mに限りなく近づく」「2mにはならない」

年	1	2	3	4	5	…	10
木ののびた長さ（m）	1	$\frac{1}{2}$	$\frac{1}{4}$	$\frac{1}{8}$	$\frac{1}{16}$	…	$\frac{1}{512}$
木の高さ（m）	1	$\frac{3}{2}$	$\frac{7}{4}$	$\frac{15}{8}$	$\frac{31}{16}$	…	$\frac{1023}{512}$
2mまでの長さ（m）	1	$\frac{1}{2}$	$\frac{1}{4}$	$\frac{1}{8}$	$\frac{1}{16}$	…	$\frac{1}{512}$

$\frac{1023}{512}$　$512 \times 2 - 1$

という結論を導かせ「2mまでの残りの長さ」で確かめる。限りなく続く先を考えたり，その極限が1つの値に近づいていくことを理解したりと，数学的な見方・考え方をたっぷりと学べる教材である。

用意するもの	木の図（黒板掲示用），表（黒板掲示用）

授業展開

> 本時は「分数のたし算とひき算」の学習後に，発展の学習として行う。

1 問題を把握する。

或所ニ，一本ノ木ガ生エタ。最初ノ一年ニ高サガ一米トナリ，次ノ一年ニ50糎ノビ，ソノ次ノ一年ニ25糎ノビルトイフヤウニ，毎年ソノ前年ニノビタ長サノ半分ダケノビルモノトスルト，コノ木ハドコマデノビルデアラウカ。（米：メートル　糎：センチメートル）

2 見通しをもつ。

T この木は，この図のように伸びていきます。(右上) 表に表してみましょう。

年	1	2	3	…
木ののびた長さ(m)	1	0.5	0.25	…
木の高さ(m)	1	1.5	1.75	…

このように木が伸び続けると，どのくらいの高さまで伸びると思いますか。

C 天まで伸び続ける。

C 10mくらいになりそう。

C 5mくらいになるかもしれない。

T 「どこまでも限りなく伸び続ける」という考えと「どこかに限界があるだろう」という考えがありますね。あなたは，どちらだと予想しますか。

C 伸び続けると思います。伸びる長さは短くなるけど，ちょっとずつ伸び続ければ，高くなり続けるからです。

C 伸びる長さがどんどん短くなって，0に近づいていくから，限界があると思います。

T では，4年後，5年後と調べていきましょう。

3 自力解決をする。（1）

C1 式　0.25÷2＝0.125　1.75＋0.125＝1.875
　　答え　4年後は，1.875m

C2 式　0.125÷2＝0.0625　1.875＋0.0625＝1.9375
　　答え　5年後は，1.9375m

・木が伸びていく様子を3年後まで図で提示する。

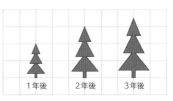

1年後	2年後	3年後

・伸びた長さと木の高さを表す表を提示し，3年後まで計算して記入する。

緑表紙からのメッセージ

前時の池の問題で，2倍ずつ大きくなっていく変わり方の学習をした。限りなく大きくなり続け，膨大な大きさになっていくことを既習として本時の問題に取り組む。そこで，新たな数学的な見方・考え方に出合わせることができる。

Point 学びを深めるポイント

考え方が2つに分かれていると知らせ「どっちかな？」と考える意欲を高めるとともに，自分の立場を明確にさせる。

Point 学びを深めるポイント

小数第4位までの計算をさせ，より簡潔に計算したいという意欲をもたせる。

・分数で計算している子どもには，なぜ分数を選んだかを問う。

4 **考え方を共有する。（1）**

T 4年後は，どうなりましたか。

C 0.125m伸びて，1.875mになりました。

T 5年後は，どうなりましたか。

C 0.0625m伸びて，1.9375mになりました。

T この調子で10年後まで計算できそうですか。

C 大変！　無理そう！

T そうですね。計算を簡単にする方法はないかな？

C 分数を使えば簡単になるかもしれない。

C 伸び方が半分の半分だったら分数の方が $\frac{1}{2}$ の $\frac{1}{2}$ で $\frac{1}{4}$ とかになって見やすいよ。

T では，分数で計算してみましょう。
　小数よりも早く計算できますね。
　10年後までを目標に木の高さを調べましょう。

5 **自力解決をする。（2）**

C 式　$\frac{7}{4}+\frac{1}{8}=\frac{14}{8}+\frac{1}{8}=\frac{15}{8}$

　　答え　4年後は $\frac{15}{8}$ m

C 式　$\frac{15}{8}+\frac{1}{16}=\frac{30}{16}+\frac{1}{16}=\frac{31}{16}$

　　答え　5年後は $\frac{31}{16}$ m

C きまりがあるよ。

C たし算しなくても答えが見つかる。

6 **考え方を共有する。（2）**

T 4年後は，どうなりましたか。

C $\frac{1}{8}$ m伸びて，$\frac{15}{8}$ mになりました。

T 5年後は，どうなりましたか。

C $\frac{1}{16}$ m伸びて，$\frac{31}{16}$ mになりました。

T きまりを見つけたという意見がありました。

C 分子が分母の2倍より1小さくなる。

C 例えば2年後なら $\frac{3}{2}$ m　$3=2×2-1$

C 例えば3年後なら $\frac{7}{4}$ m　$7=4×2-1$
　だから「分子＝分母×2-1」になっている。

T 10年後の木の高さもこのきまりで見つかるかな？

C 分母は……32，64，128，256，512　　512だ。

C 分子は……$512×2-1=1023$　　1023だ。

・伸びた長さと木の高さを発表させる。

・計算の結果を表に記入する。

年	1	2	3	4	5
木ののびた長さ(m)	1	0.5	0.25	0.125	0.0625
木の高さ(m)	1	1.5	1.75	1.875	1.9375

Point 学びを深めるポイント

よりよい方法を求めようとする態度を育てる。

・分数で計算する価値を板書する。

年	1	2	3	…
木ののびた長さ(m)	1	$\frac{1}{2}$	$\frac{1}{4}$	…
木の高さ(m)	1	$\frac{3}{2}$	$\frac{7}{4}$	…

・分母の大きさに注目させ，前時の「かかる時間」と同じ変わり方であることを引き出す。

Point 学びを深めるポイント

木の高さの「分母と分子」の関係に規則性があることに気づけるよう，計算の結果を表にまとめさせる。

・規則性を見つけた子どもには，全ての年で確かめさせる。

・伸びた長さと木の高さを発表させる。

・計算の結果を表に記入する。

年	1	2	3	4	5	…	10
木ののびた長さ(m)	1	$\frac{1}{2}$	$\frac{1}{4}$	$\frac{1}{8}$	$\frac{1}{16}$	…	$\frac{1}{512}$
木の高さ(m)	1	$\frac{3}{2}$	$\frac{7}{4}$	$\frac{15}{8}$	$\frac{31}{16}$		$\frac{1023}{512}$

・板書により，規則性を明確にする。

　$\frac{3}{2}$ ⤵ $2×2-1$　$\frac{7}{4}$ ⤵ $4×2-1$

・規則性を表の中で確かめる。

　$\frac{1023}{512}$ ⤵ $512×2-1$

・規則性を見つけて求めたことを価値づける。

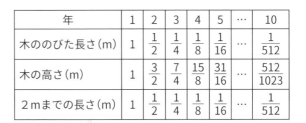

年	1	2	3	4	5	…	10
木ののびた長さ(m)	1	$\frac{1}{2}$	$\frac{1}{4}$	$\frac{1}{8}$	$\frac{1}{16}$	…	$\frac{1}{512}$
木の高さ(m)	1	$\frac{3}{2}$	$\frac{7}{4}$	$\frac{15}{8}$	$\frac{31}{16}$	…	$\frac{512}{1023}$
2mまでの長さ(m)	1	$\frac{1}{2}$	$\frac{1}{4}$	$\frac{1}{8}$	$\frac{1}{16}$	…	$\frac{1}{512}$

C 10年後の木の高さは，$\frac{1023}{512}$mです。

7 まとめる。

T 結局，木の高さはどうなるのかな。

C 2mより少し低くなる。

T 2mにはならないのかな。

C 分子が分母の2倍より1小さいからならない。

T 20年後，30年後……どうなりますか。

C 限りなく2mに近づくけど，2mにはならない。

T 2mまでの残りの長さを確かめてみましょう。

C 2mまでの残りの長さが限りなく短くなる。

8 振り返る。

T 学習を通してわかったこと，気づいたこと，不思議に思ったことをまとめましょう。

C 分数の計算は，小数よりも簡単だった。

C 思ったほど，伸びなかった。

C 伸び続けるのに2mにならないのが不思議だ。

T （必要に応じて，本題のあとの問題につながる三角形の図を提示する。）

緑表紙からのメッセージ

等比で増え続ける事象を数学的な見方・考え方でとらえる題材は子どもたちが極限の概念に触れる機会となる。公比＞1の場合と公比＜1の場合を経験することで，無限に大きくなったり，一定値に収束したりする違いも見えてくる。極限を想像する楽しさや計算した結果に驚きを味わえる教材である。

本時の板書

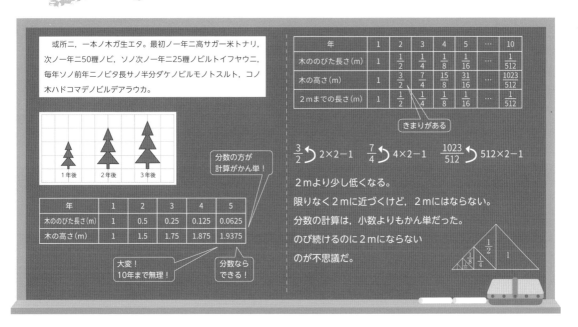

ビフォー

（16）或所ニ，一本ノ木ガ生エタ。最初ノ一年ニ高サガ一米トナリ，次ノ一年ニ50糎ノビ，ソノ次ノ一年ニ25糎ノビルトイフヤウニ，毎年ソノ前年ニノビタ長サノ半分ダケノビルモノトスルト，コノ木ハドコマデノビルデアラウカ。

アフター

或所ニ，一本ノ木ガ生エタ。最初ノ一年ニ高サガ一米トナリ，次ノ一年ニ50糎ノビ，ソノ次ノ一年ニ25糎ノビルトイフヤウニ，毎年ソノ前年ニノビタ長サノ半分ダケノビルモノトスルト，コノ木ハドコマデノビルデアラウカ。

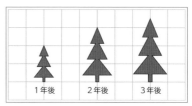

1年後　2年後　3年後

緑表紙教師用指導書　　　　第６学年教師用　下　pp.309－312

十六番 (見・七十六頁)

極限の値をもつ無限等比級數の總和を考察させるものである。この問題に含まれてゐる等比級數は，

$$1,\ \frac{1}{2},\ \frac{1}{2^2},\ \frac{1}{2^3},\ \frac{1}{2^4}\ \cdots\cdots\cdots\cdots\cdots$$

である。

勿論，一般的にかやうな問題を考察させるのではなく，公比を$\frac{1}{2}$とする特別な等比級數をなす具體的問題を考察させることによつて，極限の觀念に幾らかでも觸れさせようといふのである。

極限については，第五學年兒童用上巻第六十三・六十四頁に於て，圓の半徑と圓周との關係を考察させるとき，及び，同書第六十五頁・六十六頁に於て，圓の面積を求める公式を導く場合に，その觀念に觸れて來たところであるから，兒童にとつて全然新しいものとはいへない。教師も，このことを考慮に入れて取扱ふべきである。

兒童用書の事實内容は，一本の木が毎年前年のびた長さの半分づつのびるといふのであつて，實際にかやうなのび方をする木は存在しない。しかし，若木のときは進かにのび，年を經ると共にのび方が少くなることは，普通の樹木について兒童の經驗してゐるところであらう。これを一つの法則で條件づけたといふ意味に解しさせるがよい。

さて，この木がどこまでのびるか，即ち，どれだけの高さになるかといふことを考へさせるわけであるが，何年經つても前年ののびた長さの半分はのびるのであるから，高さがどこで止まりになるといふことは考へられない。それでは限りなく高くなるかといふに，さうでもなささうであることは想像出來るであらう。限りなく高くはならないといふのであれば，どこかに限界があつて，その限界よりも高くはならないといふことになりさうである。そこまでは兒童も考へつかないかも知れないがともかく，何とかして見當をつけてみることとし，先づ，年年の木の高さを計算してみること，更にこれを，兒童用書の圖に倣つて，方眼紙に圖を畫いてみることに，氣づかせるがよい。

毎年のびた長さ，及び，毎年の高さを計算すると，次のやうになる。

年	のびた長さ	木の高さ
第一年	100 cm	100 cm
二	50	150
三	25	175
四	12.5	187.5
五	6.25	193.75
六	3.125	196.875
七	1.5625	198.4375
八	0.78125	199.21875
九	0.390625	199.609375
十	0.1953125	199.8046875

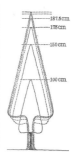

これを圖に表すのに，1cmを1mmとして，第八年にはのびが0.8mmとなるから，それから先は畫表すことが困難となる。

圖及び計算を併せ考へると，全體の長さが二米にだんだん近づき，二米を越さないかどうかは，はつきりしないけれども，どうも越しさうに思はれないことに氣づくであらう。そこで，この圖を上のやうな計算をしないで畫く方法を考へて次の仕方に導くがよい。（次の圖は，便宜上横に畫くこととする。）

即ち，第二年目には，1mの半分のびるのであるから，先づ1mだけの長さを先にとつて置いて，その半分の所の印をつければよい。さうすると，第三年目から後も，殘りの半分づつとればよい。

この畫き方によつて，明らかに次のことがわかるであらう。

高さは，年が經つに從つて次第に二米に近づく。

二米に幾らでも近づくことは出來るから，何年經つても二米には達しない。

このことがわかればこの問題の目的は達成せられたわけで，幾らかでも極限の觀念を得しめることが出來たと見做してよい。

緑表紙のとらえと本時

　本時は，等比数列を扱った極限の問題である。高木先生は，5年生での授業を考えたが，6年生でも扱うことができる深い内容に仕上げている。まず，極限や無限といった考え方は現代の小学校では指導していない。例えば，直線は「まっすぐな線」と指導しており，線分や半直線との区別をつけず，無限に伸びることに触れていない。そこには，子どもたちの想像できないもの（実際には見えないもの）は扱わないようにしたいという配慮があるからだろう。しかし，6年間という長い成長過程において，現実には見えないけれど，想像してみたいというものは算数に限らず増えるものである。算数でも，$\frac{1}{3}$と0.33…の関係や大きな数，円周率の学習において子どもたちは無限に続くものに出合うことになる。このような体験が，数学的なおもしろさにつながる。原題は6年下の最後に登場する3問のうちの2問目だが，6年生で実践するなら3問とも扱ってもらいたい。

　まず，原題となる木の伸び方の問題について教師用書では「実際にこのような伸び方をする木は存在しない。しかし，若木のときは速やかに伸び，年を経ると共に伸び方が少なくなることは，普通の樹木について児童の経験しているところであろう。」としている。子どもにとってわかりやすい日常事象を挙げつつ，条件をシンプルで明確にしている。原題の前時の問題である，池の周りを走る時間についての問題でも同様な説明がなされている。池の問題では，r（公比）＞1の場合から，和が膨大に増えていく様を体験するようにしていて，原題では，r（公比）＜1によって，ある数に限りなく近づく様を体験させている。そして，原題の次の問題では，原題の事例を操作活動によって，図形的に見えるようにしている。教師用書においては，この3問の流れを表や図に表しながら地道に丁寧に指導することの大切さを述べている。高木先生の実践も緑表紙の考えを踏襲して丁寧に計算をして表にまとめながら授業を行っている。教師用書では「限りなく高くはならないというのであれば，どこかに限界があって，その限界よりも高くはならないということになりそうである。」ということまで考えが及ばなくても「何年経っても前年伸びた長さの半分は伸びるのであるから，高さがどこかで止まるということは考えられない。それでは限りなく高くなるかという問いに，そうでもなさそうであることは想像できるであろう。」と述べられている。さらに，木が伸びる長さといった場合には常識的に長さの端数は小数で表したくなるものだが，高木先生は分数のよさに子どもたちが注目できるように工夫をし，その上で分数のたし算とひき算につなげている。緑表紙のねらいに，新たなねらいが加えられている。

　教師用書では，このような極限の問題につながる素地づくりをすでに行っていることを指摘している。池の問題については，2年下p.2のねずみが仲間を連れてくる問題，6年上p.4の分銅の問題で項数が増えれば各項の和が膨大に増えることの経験をさせており，原題における極限の素地として，5年上pp.63-64の円の半径と円周の関係についてふれ，5年上pp.65-66では，円の面積を求める場面があることを述べている。このように，極限や無限といった子どもの想像力を要する問題を取り扱うには，入念な準備が必要である。例えば，曽呂利新左衛門（そろりしんざえもん）の逸話を扱うのもよいだろう。豊臣秀吉の御伽衆（家臣）であった曽呂利新左衛門が，秀吉に好きな褒美を言うよう求められたときに，1日目は米を1粒，2日目は1日目の2倍，3日目は2日目の2倍とお米をくださいと言って，曽呂利新左衛門の欲のなさを感じながらその通りにした秀吉が，1か月後には米蔵の米がなくなりそうになって新左衛門に降参したといった内容である。初日は1粒だった米が1か月で約11億粒（20t以上）になったという等比数列を扱った話である。このような話は，低学年でも扱える材料になるだろう。このような話や体験を膨らませることで，子どもたちの想像力を広げていくことが極限や無限といった数学的な見方・考え方につながるのである。　　　（鈴木　純）

等比数列の和

○等比数列の一般項

　一般項をa_n，初項をa_1，公比をrとすると

　$a_n = a_1 \times r^{n-1}$

　例）3年目の木の高さ

　$a_3 = 1 \times \left(\frac{1}{2}\right)^{3-1}$

　$\quad\ = \frac{1}{4}$

○等比数列の和（S）

　$S = a + ar + ar^2 + \cdots + ar^{n-2} + ar^{n-1}$

　$rS = ar + ar^2 + ar^3 + \cdots + ar^{n-1} + ar^n$

　$rS - S$ をする

　$\quad rS = \quad\ ar + ar^2 + \cdots + ar^{n-1} + ar^n$

　$-)\ \ S = a + ar + ar^2 + \cdots + ar^{n-1}$

　$\overline{(r-1)S = ar^n - a}$

　$\qquad S = \dfrac{ar^n - a}{r-1}$

☆$\sum$ を用いると $\displaystyle\sum_{k=1}^{n} ar^{k-1} = \dfrac{ar^n - a}{r-1}$

ねずみの問題（等比数列）

2年下p.2

ネズミ ガ ニヒキ キマシタ，アルヒ，ナカマ ガ ニヒキ 来マシタ，ツギノ日 ニ 四ヒキ 来マシタ，三日目 ニ マタ ナカマ ガ 来テ，ネズミ ノ カズハ 前 ノ 日 ノ ニバイ ニ ナリマシタ，四日目 ニ マタ ナカマ ガ 来テ，ネズミノ カズ ハ 前 ノ 日 ノ ニバイ ニ ナリマシタ。

ネズミ ハ，何ビキ ニ ナッタ デセウ。

127

割合の活用
割合を使って

割合の学習をより深いものにする！

執筆者：宮崎市立江平小学校　桑原　麻里

① 　Aのじゃ口で水を入れると水そうは10分でいっぱいになります。Bのじゃ口で水を入れると水そうは10分でいっぱいになります。

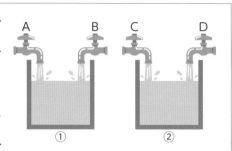

② 　Cのじゃ口で水を入れると水そうは４分でいっぱいになります。Dのじゃ口で水を入れると水そうは６分でいっぱいになります。

　４つのじゃ口をいっしょに使うと，①と②のどちらの水そうに早く水がたまりますか？

　ただし，どちらの水そうも同じ容積とします。

図をかくとわかりやすいね。あっ！　割合が使える！

　４年で「簡単な割合」，５年で「割合」を学習する。割合の活用は，６年の教科書で発展問題として取り扱っている場合はあるが，単元の一部という扱いではない。しかし，全体量が示されていない場合でも，全体を１として割合を使えば解決できるという見方や考え方を学ぶことは，割合への深い理解につながると考える。

　ここでポイントが２点ある。１点目は，割合を学習した直後の扱いではないため，この問題を割合の問題として認識できるかということである。２点目は，問題解決に必要な線分図などの図を活用できるかということである。そのために一般的には，Aの蛇口で１分間に入れられる水の量は全体のどれだけにあたるか，Bの蛇口で１分間に入れられる水の量は全体のどれだけにあたるかを考えさせた上で，両方を一緒に使うと１分間に入れられる水の量は水槽全体のどれだけにあたるかを，順序立てて考える授業がある。

　まさにその手順こそ，子どもに獲得してほしい見方・考え方である。具体的には，子どもが図をかくことで問題場面をイメージし，何がわかっていることなのかを感じ取ることだ。そして，今わかっていることは，水の量ではなく，全体に対する部分の割合だと理解することである。

　緑表紙では「水槽に水を満たすのに，大きい管では４分かかり，小さい管では６分かかる。１分間に，それぞれの管はどれだけ水を入れることができるか。」をまず問うている。そして最終的には両方の管を一緒に使うと，何分で水槽が水で満たされるかを問うている。この問題を解いていくと，$\frac{1}{4}+\frac{1}{6}=\frac{5}{12}$となり１分間に入れられる水の割合が単位分数ではない。例えば，１分間に水が$\frac{1}{12}$（単位分数）入るとすると，水槽全体を１としたときの$\frac{1}{12}$の大きさにあたるから，$1\div\frac{1}{12}=12$，答えは12分となる。しかし１分間に水が$\frac{5}{12}$入るとすると……先ほどよりかなり難易度が高くなる。そこで本題では，部分の割合の和が単位分数になるものと，そうでないものを組み合わせた数値設定の問題にする。

授業展開

> 本時は，割合の活用問題の第1時として行う。

1 問題の状況を理解する。

①	Aのじゃ口は10分でいっぱいになる。 Bのじゃ口は10分でいっぱいになる。

②	Cのじゃ口は4分でいっぱいになる。 Dのじゃ口は6分でいっぱいになる。

> 4つのじゃ口をいっしょに使うと，①と②のどちらの水そうに早く水がたまりますか。

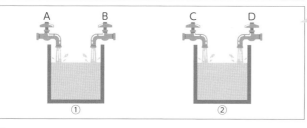

Ⓣ ①と②のどちらに早く水が溜まると思う？

Ⓒ ①かな。

Ⓒ ②じゃない？

Ⓣ ①だと思う人？　②だと思う人？　まだわからないなという人？

Ⓒ ①はわかりそうだけど，②はわからない……。

Ⓒ どっちも5分かなと思う。

Ⓣ ①を考えやすい人が多いみたいなので，①から考えてみましょう。

2 ①の場合から考える。

Ⓣ ①はわかりそうと言っていたけど，問題のイメージがつかめるかな？

Ⓒ 何となく……。

Ⓣ 図をかいてみましょう。どんな図をかこうか。

Ⓒ 水槽の図。

Ⓣ では，先生が少しかいてみますので，みなさんは続きをかいてみましょう。

Ⓣ 水槽に目盛りを書いている人がいるよ。どうやって書いていると思う？　誰か書いてくれる？

Point 学びを深めるポイント

問題の場面を理解することが難しいと思われるため，問題文を1つずつ提示する（左のように3つに分ける）。また，イラストとともに提示する。

緑表紙からのメッセージ

仕事算といわれる問題の導入のため，図をかいて水槽に水を注ぐ問題にしている。そうすることで具体的に考えやすい。

- この時点での予想は難しいが，①は何とか自力解決ができそうだという見通しがもてればよい。
- どちらも同じという考えの子がいることも予想される。その場合には，②を考えるときに理由を尋ねる。この段階では，まだ見通しをもてていない子がほとんどなので，ここでは理由まで尋ねないようにする。

- 図は，全て教師がかくのではなく，Aだけかき（ただし目盛りは書かない），続きは自分で考えさせる。

Point 学びを深めるポイント

図の全てをかかないことで，問題と対話しながら問題場面からわかることを意識させる。

第3章

6年

割合の活用

C （AとBそれぞれ水槽を10等分した目盛りを書きこんでいく）

T 何で10に分けているのかな？

C 10分間でいっぱいになるからです。

T この目盛り1つ1つは何を表しているの？

C 1分間に入れられる水の量です。

T 1分間でどこまで水が入るの？

C （黒板に線を書いて，色を塗る）
1分間でここまで水が入ります。

T じゃあ，ここが $\frac{1}{10}$ L ということですね。

C はい。

C 違うよ。水槽全体が何Lかわからないからそれは $\frac{1}{10}$ L じゃなくて，ただの $\frac{1}{10}$。

T 何の $\frac{1}{10}$ ？

C 水槽全体を1としたときの $\frac{1}{10}$ です。

C 式に表すと，$\frac{1}{10}+\frac{1}{10}=\frac{2}{10}=\frac{1}{5}$
1の中に $\frac{1}{5}$ がいくつ入るか考えて $1\div\frac{1}{5}=5$ だから5分です。

C AもBも同じだから，両方一緒に入れると1分間に入る水の量が2倍になるから，かかる時間が半分になる。だから，$10\div2$ でもできるよ。

3 ②の場合を考える。

T ①も②も同じという人がいたよ。何でそう思ったの？

C $(4+6)\div2=5$　だと思いました。

C でも，それなら①は $(10+10)\div2=10$ になるよ！

C そっかあ。

C 絶対5分にはならない。だって，蛇口Cだけで4分でいっぱいになるから，Dも一緒に入れるのに4分以上時間がかかるなんてあり得ない！

C じゃあ，①みたいに1分間に溜まった水の量の割合を求めたらできそうじゃない？

C 図をかけばわかりやすいよ。

T では同じように図をかいてみよう。

Point 学びを深めるポイント

1目盛りが何を表しているかを問うことで，$\frac{1}{10}$ は割合を表していることに気づかせる。

緑表紙からのメッセージ

常に水槽全体を1として考え，分数（割合）で表すことを確認していくことが重要である。

・$1\div\frac{1}{5}$ の説明を丁寧に行う。

Point 学びを深めるポイント

AもBも同じだけ水が入れられる特殊な例ではあるが，仕事量が2倍になるという見方に気づかせることができる。

Point 学びを深めるポイント

①と比較することで，どの方法なら今回も使えそうかを意識させる。もし子どもからその発言が出ない場合には「①のときも同じ方法（かかる時間を2でわる）でできたよね」と揺さぶる。

Point 学びを深めるポイント

特殊な場面（①）で液量図をかいているので，一般化された場面であっても自分で図をかくことができる。

・全員が理解できているわけではないので，少し時間をおいて考えさせる。

C 両方一緒に入れたときの図に目盛りが入れられない……。さっきはAもBも10等分だったから簡単だったけど。

C 目盛りを何等分するかは，計算がわかりやすいよ。

T どういう式になりましたか？

C $\dfrac{1}{4} + \dfrac{1}{6} = \dfrac{5}{12}$

C 1分間に水を，全体の $\dfrac{5}{12}$ 入れられるということだから，$1 \div \dfrac{5}{12} = \dfrac{12}{5}$ で $\dfrac{12}{5}$ 分になります。全体を1としてその中に $\dfrac{5}{12}$ がいくつ入るか考えればいいと思います。

C ということは，②の方が断然早いね。

4 学びの確認をする。

T ②はどのように考えれば解けましたか。

C ①と同じように，1分間にそれぞれの蛇口で入れられる割合を考えて解けました。

・①の場合とは違って，商が単位分数にならない。そのため，立式できない子どもがいることが予想される。①ではどのように考えたのかを意識させるなどして丁寧に立式させる。

Point 学びを深めるポイント

1分間にどれだけの割合で水が入れられるかを考えれば，どのような数であっても考えることができることを確認する。

本時の板書

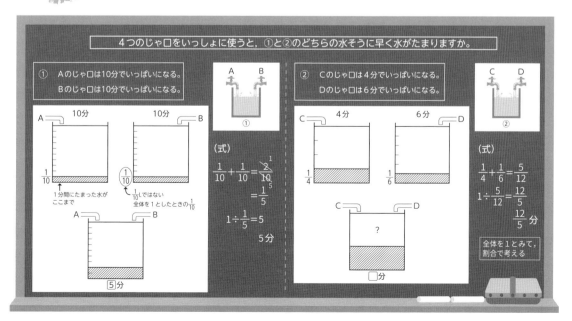

（6）水槽ニ水チ満タスニ,大キイ管デハ四分
カカリ,小サイ管デハ六分カカル。 一分間ニ,両
方ノ管ハ,ソレゾレドレダケノ水チ入レルコト
ガ出來ルカ。

（9）大キイ管ト小サイ管トチ一ショニ使ツテ,上ノ
水槽ニ水チ満タスニハ何分カカルカ。

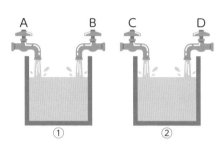

① 　Aのじゃ口で水を入れると水そうは10分
でいっぱいになります。Bのじゃ口で水を入
れると水そうは10分でいっぱいになります。

② 　Cのじゃ口で水を入れると水そうは４分
でいっぱいになります。Dのじゃ口で水を入
れると水そうは６分でいっぱいになります。

　４つのじゃ口をいっしょに使うと，①と②のどちらの水そうに早く水がたまりま
すか？

　ただし，どちらの水そうも同じ容積とします。

緑表紙教師用指導書

第５学年教師用　下　pp.58−59

六番

　水管で水槽に水を滿たす場合に，それに要する時間を與へ
て，單位時間に流れ込む水量を問ふものである。その水量は水
槽の容積を1に對應させて，分數で表せばよいことは，兒童も
氣づくであらう。

　　　　　水槽全體ニ入イル水量　　　　　1

　　　　　大キイ管デ一分間ニ入レル水量　$\frac{1}{4}$

　　　　　小サイ管　〃　　　〃　　　　　$\frac{1}{6}$

九番

　両方の管を一しよに使つて水槽を滿たすに要する時間を求め
るものであつて，此處に分數の考へ方，計算の適用の妙味が存
する問題である。

　　　　　一分間ニ入イル水ノ分量

　　　　　$\frac{1}{4}+\frac{1}{6}=\frac{5}{12}$

　水槽全體の分量を1としたのであるから，水槽を滿たす時間
は，

　　　　　$1 \div \frac{5}{12} = 2\frac{2}{5}$

　によつて，$2\frac{2}{5}$分　即ち，2分24秒を得るのである。

緑表紙のとらえと本時

　原題は，4つの問題から構成されている。教師用書では，そのねらいを「分数の観念・計算を活用する代表的な問題を順序立てて指導しようというのである。」としており，本時で扱われる（6）については「水管で水槽に水を満たす場合に，それに要する時間を与えて，単位時間に流れ込む水量を問うものである。その水量は水槽の容積を1に対応させて，分数で表せばよいことは，児童も気づくであろう。」としている。

　水槽に水を満たす場面は子どもにとって身近な事例である。しかし「4分で水槽を満たすことができるから，1分間では $\frac{1}{4}$ 入れることができる」という考えが自然と出てくるかというとそうではないだろう。仮に1分間に注がれる量の割合を子どもが答えられたとしても，機械的に逆数を用いて4分間で満たすなら1分間で $\frac{1}{4}$，6分間で満たすなら1分間で $\frac{1}{6}$，と考えている可能性もある。「$\frac{1}{4}$ とは何ですか」と問うてみると「$\frac{1}{4}$ Lです」と答えが返ってくることも予想される。つまり割合であることが理解できていないのである。全体を1としてみることも難しいだろう。なぜなら，子どもは水槽に水を注いでいくときに「全体で何L入るか」「1分間で何L入るか」という見方をするのが自然だからである。したがって時間と量をみるのではなく，時間をもとにした割合によって現実的な量をみるというのは，非常に高度な見方であるといえる。教師用書では「水量は水槽の容積を1に対応させて，分数で表せばよいことは，児童も気づくであろう。」と述べられているが，これは簡単なことではなく，丁寧に扱って子どもたちが気づけるように工夫する必要がある。本題はその点を重視した内容になっている。

　桑原先生は，全体を1としてみる見方や考え方が，割合への深い理解につながることを重視した上で，1つ目のポイントを「（本題が）割合を学習した直後の扱いではないため，この問題を割合の問題として認識できるかということである。」としている。多様な場面で割合を活用できるようにするためにも，割合の学習と離れたところで実践をする必要がある。教師用書にもあるように，この原題は分数の観念と計算の活用が主たる目的なので，本題のように割合としての内容を補う必要がある。2つ目のポイントとして挙げられている図の活用は，本題のように子どもたちが時間（分）と水のかさ（L）に意識がいきやすい題材では，特に必要である。題材の数値について本題は $\frac{1}{10}$ から扱っている。$\frac{1}{10}$ は0.1とみることが容易であり，全体を「1」とみるイメージはもちやすいだろう。10の目盛りをつけた図についても違和感なくかくことができると考える。次に，1分間に水槽全体の $\frac{1}{10}$ を満たす蛇口が2つあることから，$\frac{1}{5}$ を扱うことになる。子どもたちにとっては段階を踏みつつ，割合と全体を1とするイメージができ，$\frac{1}{4}$ と $\frac{1}{6}$ につながるように工夫されている。

　さらに本題は，時間だけを使って計算をしてしまう誤答も，子どもたちが議論をしながら誤った考えであることに気づけるよう工夫している。①は同じ水量（10分で水槽を満たす）の蛇口が2つなので2倍の速さになるから，10÷2＝5で5分と考え，②は水槽を満たすまで4分と6分だから，その平均の5分と考えて①も②も同じ時間で満たされるという誤答がある。このとき正しい考えにたどり着く方法として，②で平均の考え方をするなら，①も（10＋10）÷2をすべきであり，そこに違和感をもつことによる気づきと，②は4分で水槽を満たす蛇口Cに加えて蛇口Dも一緒に開くことから，4分より遅くなることはあり得ないという，状況から誤りだと気づく場面を設定している。自ら誤りに気づくこと，そこから正しい考えを導き出せたことの成功体験は大きく印象に残ると考えられる。

　最後に，原題の挿絵と原題の前に行われる計算問題について触れておく。挿絵は水槽が円柱になっている。円柱の体積が未習なので，あくまでも分数の計算（割合）で解決させようとする意図があった可能性がある。次に，原題につながる計算問題が事前に掲載されており，原題を行う上での技能としての素地があるかを確認できるようになっている。

（鈴木　純）

（6）の続きの問題　5年下p.29

（7）上ノ水槽ニ大キイ管デ三分間ダケ水ヲ注イダ。水ガドレダケハイツタカ。殘リヲ小サイ管デ滿タスニハ，何分カカルカ。

（8）上ノ水槽ニ大キイ管ト小サイ管トラ一シヨニ使ツテ二分間ダケ水ヲ注グト，水ガドレダケハイルカ。

（9）大キイ管ト小サイ管トラ一シヨニ使ツテ上ノ水槽ニ水ヲ滿タスニハ何分カカルカ。

原題につながる計算問題　5年下p.27

$$1-\left(\frac{2}{5}+\frac{3}{10}\right) \qquad 3\frac{2}{3}-\left(1\frac{5}{6}-\frac{5}{9}\right)$$

$$\left(4\frac{1}{3}-2\frac{1}{2}\right)\times6 \qquad \left(3\frac{1}{5}-2\frac{1}{4}\right)\times\frac{10}{15}$$

$$9\times\left(1\frac{1}{6}+2\frac{3}{4}\right) \qquad \frac{9}{10}\times\left(1\frac{3}{4}-\frac{7}{8}\right)$$

$$\boxed{1\div\left(\frac{1}{6}+\frac{1}{8}\right)} \qquad \frac{3}{5}\div\left(1-\frac{1}{10}\right)$$

$$\left(2\frac{1}{2}+\frac{5}{6}\right)\div5 \qquad \left(3\frac{1}{3}-1\frac{1}{4}\right)\div2\frac{2}{9}$$

第3章

6年

割合の活用

6年 データの活用

日本の今まで・今・これからをグラフで知ろう！考えよう！

> 自分で選んだ表を適切なグラフに表して分析する！

執筆者：立川市立第九小学校　上月　千尋

　次の表は，いずれも日本のことについて調査した結果を表したものです。
１つを選んで，特ちょうが伝わるようなグラフに表しましょう。
　また，表やグラフから読み取ったことについて，自分の考えやさらに調査してみたいこと（調査結果を探したいもの）について書きましょう。

日本の人口の動き

	総人口（万人）	5年間の人口増減率（%）	人口密度 1km² あたり 人
1950	8,320	15.3	225.9
1960	9,342	4.6	252.7
1970	10,372	5.5	280.3
1980	11,706	4.6	314.1
1985	12,105	3.4	324.7
1990	12,361	2.1	331.6
1995	12,557	1.6	336.8
2000	12,693	1.1	340.4
2005	12,777	0.7	342.7
2010	12,806	0.2	343.4
2015	12,709	−0.8	340.8
2017	12,671	1) −0.2	339.7
2018	12,644	2) −0.2	339.0

総務省しらべ。各年10月1日現在。1950〜2015年は国勢調査，2017，18年は推計。1950〜70年は沖縄を含みません。1) 2016〜17年の増減率。2) 2017〜18年の増減率

日本の二酸化炭素排出量（会計年度）（単位 百万t）

	1990	(%)	2005	(%)	2013	(%)	2018（速報）	(%)
工　場	503	43.3	467	36.1	465	35.3	396	34.8
自動車・船ぱくなど	207	17.8	244	18.9	224	17.0	210	18.5
会社・商店など	130	11.2	220	17.0	236	17.9	197	17.3
家　庭	131	11.2	170	13.2	208	15.8	166	14.6
発電所・製油所	96	8.3	102	7.9	105	8.0	95	8.3
ごみの焼却など	24	2.1	32	2.4	29	2.2	29	2.6
総排出量	**1,164**	100.0	**1,293**	100.0	**1,317**	100.0	**1,139**	100.0

総務省しらべ。CO_2換算。データは毎年見直されます。総排出量はその他を含みます。

国内電話をかけた回数（会計年度）（単位 億回）

	1990	2000	2010	2015	2016	2017
固定電話から	751.0	973.2	497.8	375.5	352.9	335.8
携帯電話から	…	474.2	608.7	518.1	503.9	486.1
計	…	**1,447.5**	**1,106.5**	**893.5**	**856.8**	**821.8**

社会問題を算数の目で切り取る！

　6年「データの活用」の学習では，次のことを学習する。

①目的に応じてデータを集めて分類整理し，適切なグラフに表したり，代表値などを求めたりするとともに，統計的な問題解決の方法について知ること。

②データのもつ特徴や傾向を把握し，問題に対して自分なりの結論を出したり，その結論の妥当性について批判的に考察したりすること。

③統計的な問題解決のよさに気づき，データやその分析結果を生活や学習に活用しようとする態度を身につけること。

　③の「生活や学習に活用しようとする態度」について，緑表紙は特に優れている。6年において「伝染病の統計」「農林水産業の生産」「工業の生産」「人口」というように日常に沿ったテーマを設定して学習する中で，当時の実際のデータを多く取り上げているからである。当時，小学校を卒業してすぐ働く子どもも多くいたことから，我が国の社会について理解させ，より国家を繁栄させるための社会の一員を育てる目的があった。現在の小学校教育においてそのようなことが特段求められているわけではないが，自分自身の生きる社会についてデータを通して客観的に理解し，今後の生活に活かそうとする態度を育むことは価値がある。算数の問題として結論を出して終わるのではなく，算数学習で学んだものの見方や考え方が，社会に出たときに問題解決の役に立つということを感じさせたい。

　このような緑表紙のよさを活かしながら「資料に応じて適切なグラフに表す」「問題に対して自分なりの結論を出す」「結論から新たな問いを見出し，統計的な問題解決を再び行う」など現在の算数教育において求められる視点を加えて授業提案を考えた。

グラフ：「日本人男性の10万人あたりの年齢別死亡者数」
　　　　厚生労働省『第21回生命表（完全生命表）の概況』より
表：「日本の人口の動き」「日本の二酸化炭素排出量」「国内電話をかけた回数」
　　矢野恒太記念会『日本のすがた2020：表とグラフでみる社会科資料集』より

📖 **授業展開** ▶ 本時は「データの活用」の学習後にトピックとして扱う。

1 日本が「長生き社会」になった様子をグラフから読み取る。

Ⓣ 日本人は，長生きだと思いますか。

グラフ「日本人男性の10万人あたりの年齢別死亡者数」

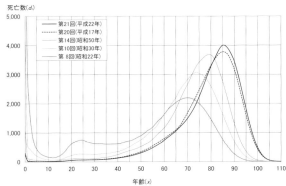

（初めはグラフ全体を隠し，左側から順に見せていく。）

Ⓒ やっぱり最近は80歳以上まで生きる人が多いから，日本人は長生きです。

Ⓣ どこを見てそう思いましたか？

Ⓒ 時代が進むと，グラフの山がどんどん右になっているので，長生きになっていると言えます。

Ⓒ あれっ，昭和22年は20歳くらいのところに小さい山があります。そんなに若く亡くなる人が多いのはどうしてだろう。

Ⓒ えっ，0歳のところでぐんと上がっている時代がいくつかあります。昔は生まれてすぐ亡くなる子が多かったのですね。

Ⓒ 医療がまだ進んでなかったからかな。

Ⓣ 1つのグラフから，「日本はこうなった」ということがたくさん発見できました。

・グラフを提示する前に簡単に自分なりの予想をもたせることで，子どもたちがグラフを見たときに「やっぱり予想通り！」「えっ，予想と違う」など感想をもてるようにする。

・このような曲線グラフ自体は未習である。曲線が示すものを丁寧に説明しながら少しずつ見せていく。また曲線ごとに色分けする，和暦を西暦にするなど，子どもたちが理解しやすくなるよう工夫する。

Point 学びを深めるポイント

「えっ」「やっぱり」など子どもの自然なつぶやきを取り上げて，「グラフのどこを見てそう思ったのか」を全体で考える。グラフの読み取りにおいてどこに着目すればよいかわからない子どもたちへの手立てとなる。

緑表紙からのメッセージ

単に算数の問題としてではなく，社会問題として考えさせる。そのために変化の理由にも触れたい。

2 自分で表を選び，「日本はこうなった」「日本はこうである」が伝わるようなグラフに表す。

Ⓣ 寿命以外についても，日本の特徴をグラフで読み取れるでしょうか。

Ⓒ さっきのグラフから，日本人は長生きになったとわかったから，人口は増えていると思います。

Ⓒ でも，人口が減っているというニュースを見たことがあります。

表1　日本の人口の動き

	総人口 （万人）	5年間の 人口増減 率（%）	人口密度 （1km² あたり 人）
1950	8,320	15.3	225.9
1960	9,342	4.6	252.7
1970	10,372	5.5	280.3
1980	11,706	4.6	314.1
1985	12,105	3.4	324.7
1990	12,361	2.1	331.6
1995	12,557	1.6	336.8
2000	12,693	1.1	340.4
2005	12,777	0.7	342.7
2010	12,806	0.2	343.4
2015	12,709	−0.8	340.8
2017	12,671	−0.2	339.7
2018	12,644	−0.2	339.0

・授業のはじめに取り上げたグラフ「日本人男性の10万人あたりの年齢別死亡者数」と関連づける意図がある。2つの資料を関連づけて分析し，それを受けて「出生率についても知りたいな」「年代別の人口はどうなっているのかな（人口ピラミッド）」とさらにさまざまな資料に目を向けさせたい。

表2　日本の二酸化炭素排出量

（会計年度）（単位　百万t）

	1990	(%)	2005	(%)	2013	(%)	2018 （速報）	(%)
工　場	503	43.3	467	36.1	465	35.3	396	34.8
自動車・船ぱくなど	207	17.8	244	18.9	224	17.0	210	18.5
会社・商店など	130	11.2	220	17.0	236	17.9	197	17.3
家　庭	131	11.2	170	13.2	208	15.8	166	14.6
発電所・製油所	96	8.3	102	7.9	105	8.0	95	8.3
ごみの焼却など	24	2.1	32	2.4	29	2.2	29	2.6
総排出量	**1,164**	100.0	**1,293**	100.0	**1,317**	100.0	**1,139**	100.0

Ⓒ 世界で二酸化炭素を減らすために条約を結んだと学習したから，減ってきているかもしれません。

Ⓒ 社会科でエコカーについて学習しました。自動車から出る二酸化炭素は結構多いのだと思います。

・環境問題は，理科や社会科でも扱う。他教科の学習と関連づけて理由や解決策を考えさせる意図がある。総排出量と割合が併記されていたり，情報量が多かったりと，読み取りが難しい表であるが，「どの部分を切り取り，どのグラフに表すのか」をよく考えることでグラフに表すことのよさを感じられる資料である。

表3　国内電話をかけた回数

（会計年度）（単位　億回）

	1990	2000	2010	2015	2016	2017
固定電話から	751.0	973.2	497.8	375.5	352.9	335.8
携帯電話から	…	474.2	608.7	518.1	503.9	486.1
計	…	1,447.5	1,106.5	893.5	856.8	821.8

Ⓒ 僕の家には，固定電話がないので，日本全体でも固定電話を使う回数は減ってきていると思います。

Ⓒ 携帯電話を持つ人は増えていそうです。

Ⓒ グラフにしたら，数や割合の変化がとても見やすくなりました。

Ⓒ 同じ表からグラフを作っても，グラフの形や着目したところ，考えたことが違っておもしろいです。

・子どもたちにとって身近な内容であり，表もシンプルである。

Point 学びを深めるポイント

グラフに表すだけでなく「特徴が伝わるグラフに表す」という目的を強調する。どのグラフにするか選ぶ過程で，それぞれのグラフのよさを振り返ることができる。

作品例1　日本の総人口の変化
（折れ線グラフ）

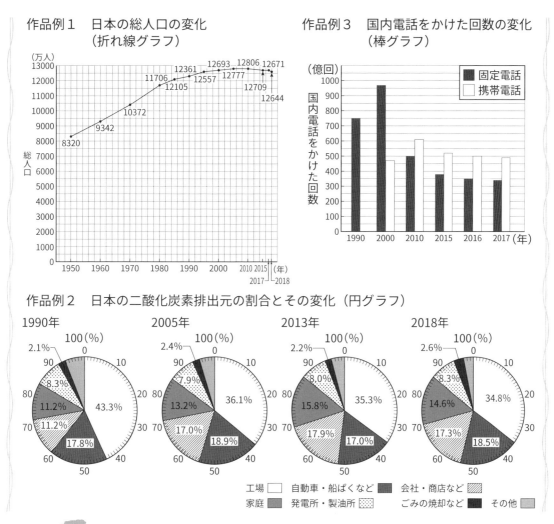

作品例3　国内電話をかけた回数の変化
（棒グラフ）

作品例2　日本の二酸化炭素排出元の割合とその変化（円グラフ）

 **本時の板書**

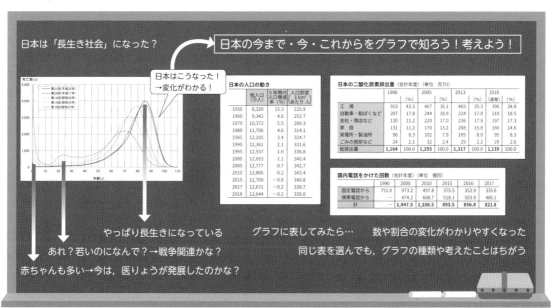

日本は「長生き社会」になった？

日本の今まで・今・これからをグラフで知ろう！考えよう！

日本はこうなった！
→変化がわかる！

やっぱり長生きになっている

あれ？若いのになんで？→戦争関連かな？

赤ちゃんも多い→今は，医りょうが発展したのかな？

グラフに表してみたら…　数や割合の変化がわかりやすくなった

同じ表を選んでも，グラフの種類や考えたことはちがう

（3）次ハ昭和十年四月カラ同十一年三月マデノ内地ノ男女別人口一萬ニ對スル死亡數ヲ表シタ圖デアル。コノ圖カラドンナコトガワカルカ。

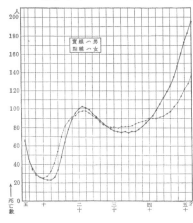

次の表は，いずれも日本のことについて調査した結果を表したものです。
1つを選んで，特ちょうが伝わるようなグラフに表しましょう。
また，表やグラフから読み取ったことについて，自分の考えやさらに調査してみたいこと（調査結果を探したいもの）について書きましょう。

緑表紙教師用指導書

第6学年教師用　下　pp.246−247

三番　（兒・六十頁）

死亡數の年齢別統計を考察させるものである。

兒童用書の統計は，昭和十年度調査の統計から算出した死亡率によつたものである。

男女別人口一萬に對する死亡數といふ意味がわかり難いかも知れないから，次のやうに説明するがよい。例へば，年齢十歳では，男1,0000人中死亡が24人で，隨つて，年齢十一歳に達し得るものは，9976人である。十一歳の男1,0000人をとると，死亡は，23人で，隨つて，年齢十二歳に達し得るものは9977人である。女についても，赤他の年齢についても全く同樣である。

男女合はせると，例へば，年齢十歳では，二萬人について，（24＋25）人，一萬人では，24.5人となる。前の問題の，人口一萬につき死亡約170人といふのに比較して著しい相違があるやうであるが，前の人口一萬人中には零歳から百歳以上のものをも含んでゐて，これは兒童用書の圖の範圍外である。この範圍外のものの死亡が著しく大きくて，全體では，人口一萬につき約170人の死亡といふことになるのである。

兒童用書には，五歳以上五十二歳以下について揭げたが，これは圖の大きさの制限と兒童の關心をもつ範圍とを考へ合はせた結果である。しかし，五歳未滿の者の死亡率の著しい點は，我が國の人口上著しい問題であるから，兒童用書について指導する際この點に言及するがよい。兒童用書の圖のもとになる數に併せて，零歳から五歳までの死亡數をも次に記して置く。

年齢	男	女	年齢	男	女	年齢	男	女
0	1130	992	20	100	96	40	89	90
1	370	353	21	102	97	41	93	90
2	205	200	22	101	97	42	98	90
3	135	136	23	99	96	43	105	91
4	91	93	24	95	94	44	111	92
5	65	66	25	92	91	45	119	95
6	46	46	26	88	87	46	125	97
7	36	35	27	85	84	47	135	102
8	30	29	28	82	82	48	147	107
9	26	26	29	79	81	49	161	114
10	24	25	30	77	81	50	173	121
11	23	27	31	76	80	51	183	128
12	23	32	32	75	81	52	195	136
13	26	41	33	76	81	53	210	144
14	34	54	34	75	81	54	225	151
15	48	70	35	76	82	55	240	159
16	64	81	36	76	84	56	259	170
17	78	87	37	78	86	57	282	181
18	89	91	38	81	87	58	306	193
19	95	93	39	85	88	59	332	209

第3章

6年　データの活用

緑表紙のとらえと本時

　緑表紙では原題を含む４つの問題が「人口」という単元に含まれており「人口」は６年最後から３番目の位置づけにある。緑表紙の６年は，小学校卒業後に社会で生きていく子どもたちに向けたものが多い。「人口」の単元はその扱いであり，国民としての意識を育てようというねらいがある。現代とは国の在り方が違うことを踏まえると，この考えをそのまま扱うことはできない。しかし，自分たちの周りだけではなく，国や世界という大きなものを見ていこうとする視点を育てることは重要である。教師用書では「人口問題は，国家の衰退に至大の関係があるから，人口の変化には十分の注意を払わなくてはならないのであって（中略）国民としても一通りの理解を有し，その変化に関心を持つことは必要欠くべからざるところである。」と単元を設けた理由について述べている。

　上月先生は，６年のデータ活用の３つ目の目標である「データやその分析結果を生活や学習に活用しようとする態度を身につける」という目標に注目しているが，この目標は，緑表紙が求めているものと重なる部分がある。国家体制は戦前戦後で異なるものの，統計について机上の数値とせず，自分たちと生活を結びつけていくということは統計学習の大きな意義である。また，上月先生は，死亡数のグラフを「長生き社会」という観点に変更することで子どもたちに配慮している。

　緑表紙では，国力増強という観点から，人口の変化という題材に集約しているが，本題ではさらに発展させて３つの題材から選択してグラフ化を行うという流れにしている。それぞれ完成したグラフをクラス内で見ることで，対話や発見が生まれ，子どもたちが得る知識も多く，考える内容も多岐にわたることで，深い学びになるだろう。また，統計を表現する際にふさわしいグラフを考えて判断するという活動も含まれていることは，より実践的である。

　本時では，最初に「10万人あたりの年齢別死亡者数」についてのグラフを左側から徐々に見せることで，曲線の変化に注目させている。子どもたちは年齢が上がると時代ごとの曲線がどのように変化するのか予想したり，その理由を想像したりするだろう。グラフ内の５つの年代の変化を表した曲線を，それぞれ丁寧に読み取る活動をしている。曲線グラフは未習だが，年齢の変化の点が連続して曲線に見えることを説明すれば十分理解できるだろう。

　「日本の人口の動き」については，上月先生は，最初のグラフとの関連を意図している。グラフや表などの統計の分析や考察をする際には，２つ以上のグラフを比較することが重要である。この実践を行う際は，この経験を事前に踏まえているとよいだろう。今回は，類似の資料を扱うことで，想像をさらに膨らませたり，出生率といった新たな要素に着目したりすることができる題材になっている。グラフについても，より変化が見やすいように，縦軸の8000人までを省略するなど工夫することもできる。

　「日本の二酸化炭素排出量」については，教科横断という視点も重視されている。本時では全項目の経時的変化を円グラフで独立して比較しているが，子どもたちの中には，項目ごとの経時的変化を棒グラフや折れ線グラフで示すこともあるだろう。それぞれ比較して，どのような部分が見やすいか議論することもできる。

　「国内電話をかけた回数」については，スマホなどの端末が子どもたちにとっても身近になった現代において，身近な題材ととらえてよいだろう。子どもたちが自分たちの生活が今後どのように変化していくのか目を向ける機会にもなるだろう。

（鈴木　純）

「人口」の問題6年下pp.58-59

小算六下　58

[人　口]

（1）次ノ表ハ我ガ國ノ人口ヲ昭和八年カラ同十二年マデノ間ニワタツテ調ベタモノデアル。

年次	全　國		内　地	
	男	女	男	女
昭和八	4801萬	4687萬	3380萬	3344萬
九	4879	4762	3428	3392
十	4974	4874	3473	3452
十一	5044	4942	3522	3503
十二	5094	5000	3571	3554

男女ノ合計ガ,全國及ビ内地デ一箇年間ニ平均何人増加シタカ。

各一箇年間ニ増加シタ人數ノ前年ノ人口ニ對スル歩合ヲ求メヨ。

昭和八年ノ人口ヲ100トシテ,ソノ後ノ人口ヲ表セ。

59　小算六下

（2）次ノ表ハ,内地ノ出生・死亡ヲ昭和八年カラ同十二年ニワタツテ調ベタモノデアル。

年次	出　生		死　亡	
	男	女	男	女
昭和八	108,7688	103,2565	61,8496	57,5491
九	104,2736	100,1047	63,2098	59,5507
十	112,2867	106,7836	60,3566	55,8367
十一	107,6197	102,5772	63,7854	59,2421
十二	111,6154	106,4580	62,5625	58,2274

コノ表ヲ圖ニ書ケ。

各年ノ出生及ビ死亡ニツイテ,ソレゾレ男女ノ合計シ,出生數ト死亡數トノ差ヲ求メヨ。ソノ差ト一番ノ内地ノ人口増加數トヲ比ベヨ。

人口一萬ニ對スル出生數及ビ死亡數ヲ計算セヨ。

6年 場合の数
犬・サル・キジ〜並び方にチャレンジ!!〜

執筆者：中野区立平和の森小学校　宮鍋　咲子

犬・サル・キジノ三匹ガセマイ一本道ヲナランデ歩イテヰマス。カハリバンニ，先ニナツタリ，マン中ニナツタリ，後ニナツタリシテ行キマス。

ナラビ方ハ，イク通リアルデセウ。

犬・サル・キジノ三匹ガ歩イテ行クト，四ツ角ヘ出マシタ。三匹ハ，ソコデワカレテ，別々ノ道ヲトツテ進ムコトニナリマシタ。

道ノトリ方ハ，イク通リアルデセウ。

🔍 並べ方と組み合わせ方〜順序よく整理して調べよう〜

6年の順列や組み合わせの学習では，表や図などの用い方を理解し，事象の特徴に着目し，順序よく整理する観点を決めて，落ちや重なりなく調べる方法を考察する力を養うことをねらいとしている。緑表紙の「犬・サル・キジ」の問題は，絵の中の犬・サル・キジの姿が大変可愛らしく，3匹は何をしているのかと興味関心をもって考えることができる教材である。動物の名前も単純でわかりやすいため，順列の学習で最初に出合う教材としてとても適していると考える。また，この問題は順列のみならず，条件に適する多くの場合があるときに，それを順序正しく求めていく考え方の指導に重点があることに価値がある。

現在は，3年の「ぼうグラフと表」，4年の「折れ線グラフと表」の学習で様々な観点から資料を分類整理して表したり読み取ったりする学習をしている。本題では，子どもが自由に試行錯誤して3匹の動物の並び方を考える。表や図に表して整理することで落ちや重なりがないようすべてを数え上げる工夫をする。その中で，子どものアイデアを取り上げ，よさを共有し，解釈し洗練させていく。「あるものを固定して考える」ことで，落ちや重なりがなく，より正確に考えを整理することができることに気づく。実際に子ども3人に，役割演技をさせてイメージをつかませ，確認することもできる。

また「犬・サル・キジ」の問題は，前半は3匹の並び方，後半は道の取り方の問題である。後半の問題の前に，子どもに問題をつくらせる活動を入れてみた。子どもが自ら進んで学習に取り組むためにも問題づくりは効果的であると考える。後半の問題は，一見全く違う場面のように思えるが，起こりうる場合の数を数えると何故か答えが6通りと同じになる。そこで，前半の問題で確認した表や樹形図等で表すと同じになることから，答えが同じになることが理解できる。場合の数の学習は，中学校の確率の問題の素地になる。身近な生活場面と結びつき，親しみやすい動物等の挿絵があり，興味関心をもって取り組める緑表紙の問題を場合の数の学習の導入で扱うことは，興味深く，効果的であると考えるので，大切に扱いたい。

用意するもの	犬・サル・キジの絵，犬・サル・キジのそれぞれの絵（児童用），マグネットクリップ

授業展開

> 本時は「場合の数」の学習の導入として行う。

1 問題を把握する。

Ⓣ （「犬・サル・キジ」の絵の拡大図を貼る）
　3匹は何をしているのかな。

Ⓒ 散歩かな。何だろう。

Ⓒ 桃太郎の問題かな。

Ⓣ （問題の前半だけ貼る）

> 犬・サル・キジノ三匹ガセマイ一本道ヲナランデ歩イテヰマス。カハリバンニ，先ニナツタリ，マン中ニナツタリ，後ニナツタリシテ行キマス。
> ナラビ方ハ，イク通リアルデセウ。

2 自力解決をする。

Ⓣ 問題を読んで，どんな問題かみんなで考えよう。

> 犬・サル・キジの並び方が何通りあるか考えよう。

Ⓒ1 書き出してみたよ。6通りかな？

```
犬　サル　キジ　　犬　キジ　サル
サル　犬　キジ　　サル　犬　キジ　←重なり
キジ　犬　サル　　キジ　サル　犬
（サル　キジ　犬）←落ち
```

Ⓒ 間違いやすい。

Ⓒ 落ちや重なりが出やすい。

3 考え方を共有する。

Ⓣ 落ちや重なりをなくすためには？

Ⓒ 初めを決めると書き出しやすい。

Ⓒ2 6通り。表を使って考えた。

	1	2	3	4	5	6
前	犬	犬	サル	サル	キジ	キジ
中	サル	キジ	犬	キジ	犬	サル
後	キジ	サル	キジ	犬	サル	犬

Ⓒ3 絵をかいたよ。（例：右の図）

Point 学びを深めるポイント

絵を先に見せることで，問題に対し，関心をもたせる。
問題文が現代の書き表し方ではないので，わからないことを話し合い，子どもたち自身で問題を読み解き，課題を把握することで関心が高まる。

・緑表紙の問題を現代の書き表し方に直し，問題をつかむ。

緑表紙からのメッセージ

できるだけ具体的に考えるように指導する。犬・サル・キジの模型を用いると，より具体的である。紙片，略図，文字での表現もよい。
また，表を利用するのもよい。

C4 6通りだよ。　　　　**C5** 省略したよ。

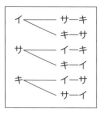

T どんな考え方をしたか，発表してください。

C1 思いつくままに書き出してみた。（書き出し）

C2 考えたことを表にしてみた。（表）

C3 動物の絵を実際に並べてみて考えた。（絵・図）

C4 前の人を先に決めて考えた。（前決め・樹形図）

C5 名前を省略したり記号にしたりしてみたら，たくさん書かなくて簡単だった。（省略・記号化）

4 考え方の検討をする。

C どの考え方も，おもしろい。

T 書き間違えたり，書き落としたり，重なったりしにくいのはどの方法でしょう。

C 表にするとわかりやすい。

C 前を決めて，整理して書き出すと間違いにくい。

C 省略して記号化すると，簡単に書き出せる。

5 続きの問題作りをする。

T この後，3匹はどうしたか，みんなで続きの問題をつくってみよう。

C 犬・サル・キジの3匹がけんかして，この後，ばらばらの道に分かれて歩いていくのはどうだろう。「3匹は，別々の道に分かれて歩いていきます。3匹の行き方は何通りあるでしょう」はどうかな。

C 仲間割れして，2匹と1匹に分かれる行き方は？

C 桃太郎が出てきて，4人で歩くのもいい。

C 桃太郎はいつも先頭だよ。だから，並び方の数は変わらないよ。

C 桃太郎が先頭だけでない並び方も考えたい。

C 道も1本増えて，4つに分かれて行くのは？

T みんなが考えた問題は次回以降にやりましょう。実は，この問題には続きがあるんです。

・自分自身で，整理しやすいような工夫をする。

Point 学びを深めるポイント

紙の絵で考えている子どもには，文字や図や表を使って考える方法などにもチャレンジするように声をかける。
図や記号を使って考えている子どもには，真ん中を先に決めたらどうなるかなど，違う場所を固定する方法のアドバイスをする。

・机間指導をしながら，様々な考え方を確認する。

Point 学びを深めるポイント

どの考え方でもよいことを理解する。どのやり方が，落ちや重なりが出にくく，正確であるかを話し合う。
表に書き出す方法と先に前を決めてから真ん中と後ろを考えるやり方がわかりやすくて正確である。

6 後半の問題を把握する。

> 犬・サル・キジノ三匹ガ歩イテ行クト，四ツ角ヘ
> 出マシタ。三匹ハ，ソコデワカレテ，別々ノ道ヲト
> ツテ進ムコトニナリマシタ。
>
> 道ノトリ方ハ，イク通リアルデセウ。

7 問題の内容を現代文に直して，自力解決する。

> 犬・サル・キジの道の取り方は何通りあるでしょう。

8 考えを共有する。

T 今度は，3匹の道の取り方について考えてみよう。

C 初めは9通りかと思ったけど6通りだった。

C 道の取り方は犬が3つ，サルが3つ，キジが3つ
で9通りだと思ったんだね。

C 初めの問題も表にすると簡単だ。

C 図を使ったり記号を使ったりすると落ちや重なり
がなくわかりやすい。

表

	左	中	右
1	犬	サル	キジ
2	犬	キジ	サル
3	サル	犬	キジ
4	サル	キジ	犬
5	キジ	犬	サル
6	キジ	サル	犬

樹形図

図や表に表して，順序良く調
べる。調べるものの名前や条
件を，省略して書いて調べる。
「落ちや重なりがないように
調べると，わかりやすく正確
である」ということを踏まえ
て後半の問題に取り組むこと
ができる。

緑表紙からのメッセージ

前半の問題と全く同じである
が，違った場合のように感じ
ることがある。誤答例は，犬・
サル・キジのそれぞれ3通り
ずつ全体で9通りと考える例
であるが，実際は図のように
6通りしかない。数学的な見
方・考え方を振り返り価値づ
けるよい問題であるといえる。

第**3**章

本時の板書

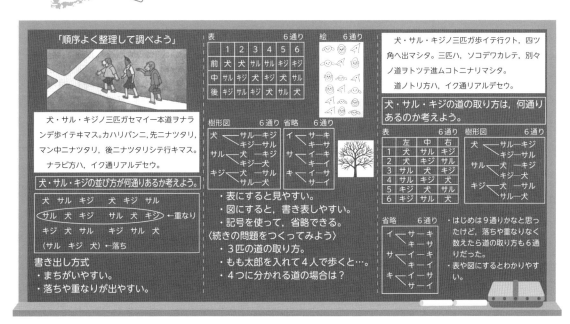

［犬・サル・キジ］

犬・サル・キジノ三匹ガセマイ一本道ヲナランデ歩イテキマス。カハリバンニ,先ニナツタリ,マン中ニナツタリ,後ニナツタリシテ行キマス。

ナラビ方ハ,イク通リアルデセウ。

犬・サル・キジノ三匹ガ歩イテ行クト,四ツ角ヘ出マシタ。三匹ハ,ソコデワカレテ,別々ノ道ヲトツテ進ムコトニナリマシタ。

道ノトリ方ハ,幾通リアルデセウ。

犬・サル・キジノ三匹ガセマイ一本道ヲナランデ歩イテヰマス。カハリバンニ,先ニナツタリ,マン中ニナツタリ,後ニナツタリシテ行キマス。

ナラビ方ハ,イク通リアルデセウ。

犬・サル・キジノ三匹ガ歩イテ行クト,四ツ角ヘ出マシタ。三匹ハ,ソコデワカレテ,別々ノ道ヲトツテ進ムコトニナリマシタ。

道ノトリ方ハ,イク通リアルデセウ。

緑表紙教師用指導書

第3学年教師用　下　pp.117-120

本章の仕組について

本章では,最初に,［犬・猿・雉］の一項を設けた。これは,順列に関するもので,本章の掛算には,何等關係はないが,正月,第三學期の初頭に當つて,多少趣の異なつたものを取扱ふのが児童の學習に効果があると認めて提出したものである。

これに引續いて,前に掲げた五段の計算を實際的問題から導入し,計算の仕方を指導し,練習させ,掛算の新教材が終つた後で,種々の問題を掲げて,本章の計算,既習の計算の適用を圖り,既習事項の發展を期し,最後に,本章で指導した掛算と,これに直接關係ある既習の掛算との練習を行ふことにしてある。

指導要領

1. 犬・猿・雉 (48)

内容は,順列に関するものであるが,決して順列そのものを指導の中心とするのではなく,條件に適する多くの場合があるときに,それを順序正しく求めて行く考へ方の指導に重點がある。犬・猿・雉としたのは,児童に興味をもたせるために過ぎない。

問は二つある。最初の方は,犬・猿・雉が先・中・後の順に並ぶとき,並び方の場合の數を求めるものである。

最初には,児童に自由に考へさせる。その際には,出来るだけ,具體的にして考へるやうに指導するがよい。最も具體的なのは,犬・猿・雉の模型を用ひることであるが,さうまでしなくても,紙片に略畫,又は文字を記入したものを用ひて,これを並べてみさせるがよい。

かやうにして,並び方が幾通りあるかを求めさせるのであるが,それには,次のやうにして,整理させるがよい。

	1	2	3	4	5	6
先	犬	犬	サル	サル	キジ	キジ
中	サル	キジ	犬	キジ	犬	サル
後	キジ	サル	キジ	犬	サル	犬

児童は,この六つの場合を順序を立てて考へることをしないために困難を來し,又總べての場合を盡さないものも多いであらう。その際に於て,上のやうに,先づ,犬が先頭になった場合を考へ,次に,猿が先頭になった場合,雉が先頭になった場合といふやうにして,この三つの場合の,それぞれに,二つの

場合のあることを確め,かやうにして,すべての場合を盡す順序正しい考へ方を指導するがよい。

次には,中又は後を最初にきめて,種々の並び方をさがすことにより,上の六つの場合の外は無いことを確めさせるがよい。

かやうにして,數種のものが,相互に關聯して變化する場合の考へ方は,その中のあるものを固定して,變化の範圍を縮小して考へ,その範圍内で解決した後に,最初固定したものを順次變化させて行くのである。かやうな考へ方は,事物を數理的に處理して行く上に極めて重要であり,數理思想開發の上にも極めて意義のあるものと言はねばならぬ。

後の問は,三匹が,四つ角に来て,三つの方向に分れて進むときに,道の取り方の場合の数を求めるのである。順列としては,前の場合と全然同じであるが,児童には,違つた場合のやうに感ぜられるであらう。単に念頭で考へると,犬は,左・中・右の三つの道を取り得るから,犬について三通りあり,猿・雉についても同様に三通りづつあるから,全體で九通りあるといふことが出来るやうにも思はれる。ところが,これを前問同様具體的にして考へれば,六通りしかないことも容易に理解出来

	左	中	右
1	犬	サル	キジ
2	犬	キジ	サル
3	サル	犬	キジ
4	サル	キジ	犬
5	キジ	犬	サル
6	キジ	サル	犬

るであらう。このときに,整理の仕方は,前頁のやうな表に書かせるがよい。

この際,前々頁の表と比較して,二つの表は,並び方が縦と横と相違してゐるだけであることを理解させるがよい。

本項の補充としては,次のやうな問題を課するもよい。

良雄サンハ,オカアサンノオ使デ,ラバサンノウチト,イウ ビンキヨクト,オクツシ屋トヲマハツテ,歸ルコトニナリマシタ。マハリ方ハ,幾通リアルデセウ。

この問題も,児童用書の場合と同様にして考へれば,全然同種の問題であることがわかる。

第3章

6年

場合の数

緑表紙のとらえと本時

原題は，緑表紙を代表する構想問題の一つである。構想問題とは価値の高い数理的思考を要する問題（第1章参照）である。緑表紙は，黒表紙時代の計算問題とその応用問題を越えて高度な数学的な考え方を用いるようにしている。現代では6年で学習する順列や組み合わせの内容を3年で学習する内容に取り入れているところにも，緑表紙編纂に関わった塩野直道たちの強い思いを感じる。教師用書は原題について「数種のものが相互に関連して変化する場合の考え方は，その中のあるものを固定して，変化の範囲を縮小して考え，その範囲内で解決した後で，最初固定したものを順次変化させていくのである。このような考え方は，事物を数理的に処理していく上に極めて重要であり，数理思想開発の上にも極めて意義のあるものと言わねばならぬ。」とその重要性を強調している。

数学的な考え方を分類整理した片桐重男は，数学の方法に関係した数学的な考え方の単純化の考え方を「単純化の考え方②：条件のいくつかを簡単なものに置き直して考えようとする考え方も，この単純化の考え方といえる」（2004，pp.58-60）としており，教師用書の示す「あるものを固定して，変化の範囲を縮小して考え，その範囲内で解決した後で，最初固定したものを順次変化させていく」ことも，単純化の考えに沿うものである。ここに，数理思想が数学的な見方・考え方の源流となっていることを示唆する一例を見ることができるだろう。また，犬・サル・キジを擬人化することで3年という発達段階を踏まえて，子どもたちの関心を高める工夫をしている。

原題について教師用書では「順列に関するものであるが，決して順列そのものを指導の中心とするのではなく条件に適する多くの場合があるときに，それを順序正しく求めていく考え方の指導に重点がある。」としている。つまり，子どもたちが条件を理解して，起こりうる場合をもれなく探すためにはどのような方法があるかを試行錯誤しながら考えていく過程を重視している。また，原題は3匹の並び順について考える問題と3匹が道を選ぶ選び方を考える問題になっている。いずれにしても，3×2×1＝6で6通りとなり数学的に見れば同じ場面である。しかしながら，教師用書では子どもたちの見方は異なると指摘している。この点を分析する。3匹が並ぶような場面は，子どもたちの学校生活でも見られる。A，B，Cの3人が並ぶときに，Aが先頭になれば，残りはBとCしかないという考え方は自然にできるだろう。一方で，道の選択については3つの道があり，3人が選択できるといった時には，自分は3本の道を選択できるから同様に残りの2人も3通り選べると感じてしまうことによって「別々ノ道ヲトツテ進ム」という条件を見逃してしまう可能性がある。したがって，並び方の問題は最初と2番目の関連性を意識できるが，道の選択の問題は意識しにくいのである。このような異なった場面でも，数学的にとらえると同じ現象であることを気づかせる工夫として1つの文章題の中に2つの問いが存在する。教師用書では，さらに同種の問題としてお使いに行くときの道順についての問題を提示している。

同種の問題　6通り(3×2×1＝6)教師用書3年下p.120

良雄サンハ，オカアサンノオ使デ，ヲバサンノウチト，イウビンキヨクト，オクワシ屋トヲマハツテ，歸ルコトニナリマシタ。マハリ方ハ，幾通リアルデセウ。

この問題も，児童用書の場合と同様にして考へれば，全然同種の問題であることがわかる。

宮鍋先生の本時は，並び順の問題と道の選択の問題の間に，子どもたちが問題づくりをするという工夫が加えられている。ここで，発展させてさまざまな場合の組み合わせを考えることができる。挿絵には3匹が歩く先に3本の道があるので，3匹が分かれて進むという後半の問題につながる想像もできるが，犬・サル・キジということで桃太郎の登場を連想することもできるだろう。桃太郎を含めた並び順を考えることに関心をもつ子どももいる（4×3×2×1＝24　24通り）。何通りになるか予想するのもよい。桃太郎は主人公なので先頭だと考えると当初と変わらない6通りになるということも発見できて，子どもたちの関心は高まるだろう。

現代の算数において，場合の数の学習は6年で行っているが，素地的体験は子どもたちの日常でも存在しており，3年や4年でも扱うことができるだろう。

(鈴木　純)

第 **4** 章

───── 緑表紙ミュージアム ─────

緑表紙には，まだまだ魅力的な教材がたくさんあります。当時の子どもたちの様子がうかがえる暮らしの描写や，今見ても新鮮な図形の問題など，楽しく取り組める教材を厳選して紹介します。算数授業にプラスしたり他教科と絡めたり，工夫してご活用ください。

緑表紙ミュージアム 1

子どもの生活をのぞいてみよう！

緑表紙
引用ページ

2年上pp.2-3
2年上p.91
1年上p.26，4年上p.27

	1	2	3	4
月	シウシン	ヨミカタ	サンジュツ	ツヅリカタ
火	サンジュツ	ヨミカタ	カキカタ	タイサウ
水	ヨミカタ	サンジュツ	ヅ　グヮ	シャウカ
木	シウシン	ヨミカタ	サンジュツ	カキカタ
金	ヨミカタ	タイサウ	シュコウ	ツヅリカタ
土	サンジュツ	ヨミカタ	シャウカ	

2年生の時間割です。「サンジュツ」は「算術」と書き，現在の算数にあたります。それでは「ヅグヮ」は何でしょうか？

イサムサン ノ クミ ハ，男 ノ セイ・ト ガ 三十人 デ，ヲンナ ノ セイト ガ 二十六人 デス。
　ミンナ ガ，ウンドウヂャウ デ タイ・サウ ヲ シマシタ。一レツ ニ 八人 ヅツ ナラビマシタ。

1クラスに何人いるのでしょうか。

1年生の生活

4年生の生活

これは当時の1年生と4年生の生活を表したものです。どんな生活をしているでしょうか。

緑表紙が使われていた1930年代の子どもたちの生活は，現在の子どもたちの生活とはだいぶ違うようです。子どもたちと一緒に違いを探してみましょう。

第**4**章

緑表紙ミュージアム

昔の生活資料館

緑表紙 引用ページ	6年下p.16，29 6年上p.34，3年上p.48 1年下p.30

柱時計

火鉢

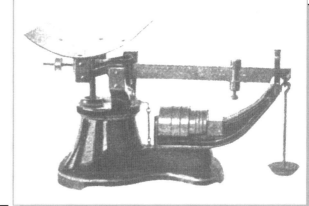

はかり

七輪

バス

緑表紙には，当時の日常生活がうかがえる写真がいくつも掲載されています。
社会科の生活の道具の学習に関連して，道具とともに移り変わる人々の暮らしや，生活の中の知恵や工夫について調べてみても，おもしろいですね。

言葉遣いに注目すると…

緑表紙
引用ページ

2年下p.37, 56

モウ 十日 タツト, オ正月 ガ 來マ
ス。キノフ, オカアサン ニ ツイテ, 町
ヘ 買物 ニ 行キマシタ。

ゲタヤ デ, 私 ハ 三十五セン ノ ゲ
タ ヲ 買ッテ イタダキマシタ。オカアサ
ン ハ, オトウト ノ ゲタ ヲ, 二十六セ
ン デ オ買ヒ ニ ナリマシタ。

ソノ トナリ ノ ミセデ, 私 ハ, 八
セン ノ オハシ ト, 十五セン ノ ハシ
箱 ト ヲ 買ッテ イタダキマシタ。

もう10日たつと, お正月が来ます。昨日, お
母さんについて, 町へ買い物に行きました。

げた屋で, 私は35銭のげたを買っていただき
ました。お母さんは, 弟のげたを, 26銭でお買
いになりました。

その隣の店で, 私は, 8銭のおはしと, 15銭
のはし箱とを買っていただきました。

私タチ ハ, オトウサン ニ ツレラレ
テ, キ車 ニ ノッテ ヲヂサン ノ 所 ヘ
行キマシタ。キ車 ノ 中 デ オヒル ニ
ナリマシタ。オトウサン ガ, オスシ ヲ
四箱 オ買ヒ ニ ナリマシタ。

一箱 ニハ, オスシ ガ 十二 ニ ハイッテ
ヰテ, ネダン ハ 十五銭 デシタ。

オトウサン ハ, オ金 ヲ イクラ オハ
ラヒ ニ ナッタ デセウ。

オスシ ハ, ミンナ デ イクツ アッタ
デセウ。

私たちは, お父さんにつれられて, 汽車に乗
っておじさんの所へ行きました。汽車の中でお
昼になりました。お父さんが, お寿司を4箱お
買いになりました。

1箱には, お寿司が12はいっていて, 値段は
15銭でした。

お父さんは, お金をいくらおはらいになった
でしょう。

お寿司は, みんなでいくつあったでしょう。

昔の子どもたちの, お父さんやお母
さんに対する言葉遣いに注目してみ
ましょう。今とは違って敬語を使っ
ていることに, 子どもたちも驚くの
ではないでしょうか。

緑表紙の時代

緑表紙
引用ページ

1年上p.24
2年上p.73
6年下pp.71-72

身近にあった戦争

（1）コノ グンカン ニハ, タイハウ ガ セツ ツツ アリマス。タイハウ ハ, アハ セテ イクツ アル デセウ。

［色々ナ問題］

（1）横須賀「グァム」間ノ距離ハ 1341 浬アル。　航續距離 3000 浬ノ飛行艇ガ 横須賀ヲ出テ「グァム」ニ行キ,直チニ 引返シテ横須賀ニ歸ツタ。　コノ飛行艇 ハ,マダ何浬ノ飛行能力チモツテキル カ。

（3）軍艦ガ,潮流ニ沿ウテ航走スル ト一時間ニ23浬ヲ進ミ,潮流ニ逆ツテ 航走スルト一時間ニ17浬進ムトイフ。 コノ軍艦ノ速力ト潮流ノ速サトチ求 メヨ。

太平洋戦争前の昭和10年から発刊された緑表紙には，当時の時代背景が色濃く表れています。

いろいろな昔の単位

石・斗・升・合（体積の単位）

〔石・斗・升・合〕

（1）農家デ,米ヲ米俵ニ入レルトキニ使フ桝ニハ,一斗入ノモノガアル。
米一俵ハ,コノ桝デ四杯,ツマリ四斗ノ米ヲ入レル。

$$10斗＝1石$$

$$\frac{1}{10}斗＝1升$$

$$\frac{1}{10}升＝1合$$

一升ハ約1.8ℓデアル。

四斗入ノ米一俵ニハ,米ガ約何立ハイツテキルカ。

農家で，米を米俵に入れるときに使う桝には，一斗入のものがある。
米一俵は，この桝で四杯，つまり四斗の米を入れる。

$$10斗＝1石$$

$$\frac{1}{10}斗＝1升$$

$$\frac{1}{10}升＝1合$$

一升は約1.8Lである。

四斗入の米一俵には，米が約何Lはいっているか。

1升＝1.8L

1升＝$\frac{1}{10}$斗なので，

$\frac{1}{10}$斗＝1.8L

1斗は，1.8×10＝18で，18L

4斗は，18×4＝72で，72L

答え　約72L

一升瓶や一斗缶って，聞いたことがあるかな？

上の問題に出てきた「立」は「L（リットル）」です。L以外の単位も昔は漢字が使われていました。下の表を見ると，漢字のへんとつくりがそれぞれ意味をもっていることがわかります。
現在使われているものにも，その名残りがあるかもしれませんね！

	m(ミリ)	c(センチ)	d(デシ)		k(キロ)
	$\frac{1}{1000}$	$\frac{1}{100}$	$\frac{1}{10}$	1	×1000
メートル	粍(mm)	糎(cm)		米(m)	粁(km)
リットル	竓(mL)		竕(dL)	立(L)	竏(kL)
グラム	瓱(mg)			瓦(g)	瓩(kg)

第4章

緑表紙ミュージアム

緑表紙 引用ページ　p.152／5年上p.71
p.153／5年下p.24，上p.51，下p.47　1年下p.6，7，16

貫・匁・斤（重さの単位）

［貫・匁・斤］

（1）炭一俵ノ重サチ四貫トカ，八貫トカイフヤウニ表スコトガアル。

1貫＝$\frac{15}{4}$瓩

四貫ハ何瓩カ。

1貫＝1000匁

一匁ハ何瓦カ。

炭一俵の重さを四貫とか，八貫とかいうように表すことがある。
四貫は何kgか。
一匁は何gか。

1貫＝$\frac{15}{4}$kg

4貫は，$\frac{15}{4}$×4＝15で，15kg 　　　　<u>15kg</u>

$\frac{15}{4}$kg＝3.75kg＝3750g

1貫は1000匁なので，

1匁は，3750÷1000＝3.75で，3.75g 　　<u>3.75g</u>

> 現在の5円玉の重さだね！

尺・間・坪（長さの単位）

［尺・間・坪］

（1）六畳ノ室ハ，横二間，縦一間半ノ矩形デアル。

1間＝6尺
1尺＝$\frac{10}{33}$米

一間ハ何米カ。

$\frac{1}{10}$尺＝1寸

$\frac{1}{10}$寸＝1分

一米ハ何尺何寸カ。

一寸ハ約何糎カ。

六畳の室は，横二間，縦一間半の矩形（長方形）である。
一間は何mか。
1mは何尺何寸か。
一寸は約何cmか。

1尺＝$\frac{10}{33}$m，1間＝6尺なので，

1間は，$\frac{10}{33}$×6＝1.8181…で，約1.8m 　<u>約1.8m</u>

1mは，1÷$\frac{10}{33}$＝3.3で，3.3尺

$\frac{1}{10}$尺＝1寸なので，3尺3寸 　　　　<u>3尺3寸</u>

1寸は，$\frac{10}{33}$÷10＝0.0303…で，約3cm 　<u>約3cm</u>

> 一寸法師の大きさだね！

町・段・畝・歩（面積の単位）

［町・段・畝・歩］

（1）田畑ヤ山林ナドノ面積ヲ表スノニ，アール，ヘクタールノ外，町・段・畝・歩トイフ単位ヲ用ヒル。

1歩＝1坪

30歩＝1畝

10畝＝1段

10段＝1町

一畝ハ約何平方米カ。又，約何アールカ。

一町ハ約何ヘクタールカ。

田畑や山林などの面積を表すのに，アール・ヘクタールのほか，町・段・畝・歩という単位を用いる。
一畝は約何m²か。また，約何アールか。
一町は約何ヘクタールか。

1坪＝約3.3m²を使って解きます。

1歩＝1坪，30歩＝1畝なので，

1畝は，3.3×30＝99 →約100m²＝約1a

　　　　　　　　　　　<u>約100m²／約1a</u>

1町＝10段，1段＝10畝なので，

1町は，1畝の10倍の10倍で100倍

1町は，1aの100倍で約1ha 　　　　<u>約1ha</u>

銭（お金の単位）

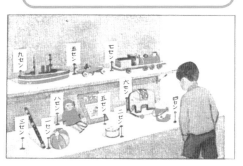

> 1円より小さい単位があったんだね！

ネダン　ヲ　シラベマセウ。

七セン　ノ　　　　ト　ニセン　ノ

ト　ヲ　カヒマシタ。

イクラ　ハラヘバ　ヨイ　デセウ。

左から1銭，5銭，10銭硬貨

6 図形の問題

緑表紙
引用ページ

6年下p.74
4年下p.30

ペンタゴンパズル

（17）同ジ正五角形ヲ
四ツ切リヌキナサイ。
サウシテ,ドレモ四ツニ
切リハナシテ並ベカヘ,
下ノヤウナ形ヲ作ツテゴランナサイ。

同じ正五角形を四つ切り抜きなさい。
そうして，どれも四つに切りはなして並べかえ，
下のような形を作ってごらんなさい。

正五角形を切って並べる「ペンタゴンパズル」です。まずは切って並べて，試行錯誤して楽しみましょう。5年生の図形の角や正多角形の学習と絡めると，辺の長さや角の大きさから考えることもできます。

答え

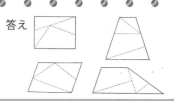

模様づくり

（12）右ノ模
様ハドンナ圖
ガモトニナツ
テキルカ。コ
ノ模様ノ書方
ヲ考ヘヨ。

右の模様はどんな図がもとになっているか。
この模様の書き方を考えよ。

一見複雑な形に見えますが，右のように正方形に
区切って考えるとかき方が見えてきます。

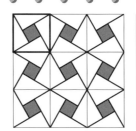

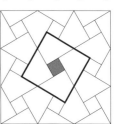

第4章

緑表紙ミュージアム

七曜表と魔方陣

緑表紙引用ページ　6年上p.50／4年下p.87

七曜表

（4）次ハ二十八年間ノ七曜表デアル。コノ表ノ引方ヲ考ヘヨ。

昭和元年 七 1-2	十二	十八	二十三 3-12	月 8	2/3 11	6	9/12	4/7	1/10	5
二 七 3-12	十三	十九 1-2	二十四	5	8	2/3 11	6	9/12	4/7	1/10
三 1-2 八	十四	十九 3-12	二十五	1/10	5	8	2/3 11	6	9/12	4/7
三 3-12 九	十五 2	二十	二十六	4/7	1/10	5	8	2/3 11	6	9/12
四 十	十五 3-12	二十一	二十七 1-2	9/12	4/7	1/10	5	8	2/3 11	6
五 十一 1-2	十六	二十二	二十七 3-12	6	9/12	4/7	1/10	5	8	2/3 11
六 十一 3-12	十七	二十二	二十八	2/3 11	6	9/12	4/7	1/10	5	8
1日 8 15 22 29				日	月	火	水	木	金	土
2 9 16 23 30				月	火	水	木	金	土	日
3 10 17 24 31				火	水	木	金	土	日	月
4 11 18 25 *				水	木	金	土	日	月	火
5 12 19 26 *				木	金	土	日	月	火	水
6 13 20 27 *				金	土	日	月	火	水	木
7 14 21 28 *				土	日	月	火	水	木	金

次は二十八年間の七曜表である。この表の引き方を考えよ。

七曜表は，28年分の一日一日の曜日を調べることができます。見つけ方を考えてみましょう。例えば，おじいさんの誕生日が昭和25年12月21日だとします。まず，左上から昭和二十五年を探します。二十五年を基準として，右にいって12月，左下から21日を探します。12月から下に，21日から右にいってぶつかったところが曜日です。よって，おじいさんが生まれたのは木曜日だとわかります。この表は28年周期なので，現代の年号でも調べることができます。2021年はこの表の最後の昭和28年（1953年）から68年経っているので，68÷28＝2あまり12で，2021年は昭和12年と同じだとわかります。

魔方陣

下ノ表ノアイタ所ヘドンナ數ヲ入レルト,縦ニ寄セテモ横ニ寄セテモ同ジ數ニナリマスカ。

7	8		24	32	40	48
		5	13	21	22	
	19	27	35	36	44	3
41	49		17	25	33	
15	23	31			6	14
45	4	12	20			37
26	34	42	43		10	18

下の表のあいた所へどんな数を入れると，縦に寄せても横に寄せても同じ数になりますか。

縦・横・斜めの数の合計がどこも同じになっている表を「魔方陣」というよ！

答え

7	8	16	24	32	40	48
30	38	46	5	13	21	22
11	19	27	35	36	44	3
41	49	1	9	17	25	33
15	23	31	39	47	6	14
45	4	12	20	28	29	37
26	34	42	43	2	10	18

この魔方陣は縦・横・斜めの数の合計がそれぞれ175になっています。
右のような位置関係でも同じ175を見出すことができるのがおもしろいですね。

				32		
			5			
		27				
	49					
15						
						37
					10	

（6）タテ モ，横 モ，高サモ，十二センチメートル ノ マ四カクナ 箱 ヲ，ヒモ デ ヅ ノ ヤウ ニ シバル ニハ，ヒモ ノ 長サ ガ，ドレ クラヰ アレバ ヨイ デセウ。

縦も，横も，高さも，12cmのま四角な箱を，ひもで図のようにしばるには，ひもの長さが，どれくらいあればよいでしょう。

結び目にはどれくらい必要だろう？箱をしばったり新聞の束をしばったりしたことがありますか？

面を通る最短の長さは，上下が十字になっているので12cmの８つ分です。数値として与えられていない結び目の部分がどれだけ必要かを考えないといけないところが，生活と密着していますね。

［木ノ高サ］

　石井君ハ，讀本ノ「第八　木ノ高サ」ヲ讀ンデ，自分ノ家ノ庭ニアル杉ノ木ノ高サヲハカツテミヨウト思ヒマシタ。日曜日ノ朝七時頃，石井君ガ木ノ近クノ地面ニ棒ヲ立テヨウトシテキルト，兄サンガ來テ，「棒ヲ鉛直ニ立テナクテハイケナイ。」トイヒマシタ。

　棒ヲ鉛直ニ立テルニハ，ドウスレバヨイデセウ。

　石井君ハ，棒ヲ鉛直ニ立テマシタ。サウスルト兄サンガ，棒ノ根モトヲ中心トシテ，棒ノ長サト同ジ半徑ノ圓ヲ地面ニ書イテオクガヨイ。」トイヒマシタ。

　コレハドウイフワケデセウ。

　石井君は，読本の「第八　木の高さ」を読んで，自分の家の庭にある杉の木の高さをはかってみようと思いました。日曜日の朝七時頃，石井君が木の近くの地面に棒を立てようとしていると，兄さんが来て，「棒を鉛直に立てなくてはいけない。」と言いました。

　棒を鉛直に立てるには，どうすればよいでしょう。

　石井君は，棒を鉛直に立てました。そうすると兄さんが，「棒の根もとを中心として，棒の長さと同じ半径の円を地面に書いておくがよい。」と言いました。

　これはどういうわけでしょう。

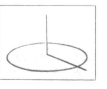

「鉛直」とは重力の方向のことだよ。水平面に対しての垂直の方向ってことだね。

棒の影が円周上に来たときに棒の長さと影の長さが同じになるので，その時間に木の影の長さを測れば木の高さが求められます。石井君のお兄さんの目の付けどころがおもしろいですね。

子どもの実践展示室

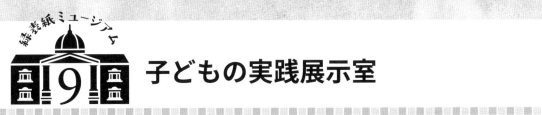

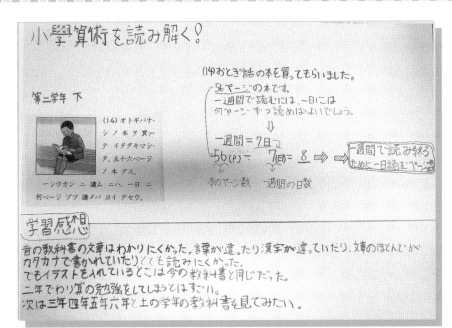

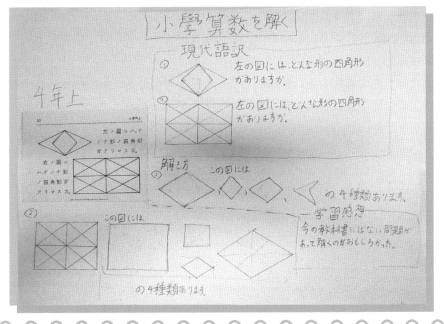

６年生が，気に入った問題を自分で選び，現代語訳して解いてみました。算数の問題を解くだけでなく昔の言葉や漢字を調べたり，今の教科書と同じところ・違うところを見つけたりと興味が広がりました。算数のまとめや自由研究として取り組んでみるのもよいですね。

おわりに

　「算数はおもしろい！」「算数は役に立つ！」と子どもたちに感じてほしいと常に思っています。「おもしろい」というのは，数学的なおもしろさであり「役に立つ」とは受験などではなく，純粋に生きていく上で役に立つということです。そのためには，子どもたちが身近な日常事象や生活を数学的な視点でみるとおもしろかったという体験をし，授業で得た知識や用いた考え方を活用して問題解決をすることができたという経験を通して，算数のおもしろさと有用性を実感していくことが大切です。だからこそ，授業で扱う題材は子どもの目線に立って何度も吟味する必要があり，その題材に内包する数学的な内容について深く理解しておく必要があります。緑表紙には，まさにそのような題材が数多く含まれていました。しかし，現代の算数で扱うには問題の意図の読み取りや問題場面を現代に合わせるなど，課題が多くて一人で研究をするには難儀なものでした。それでも，同じ思いをもった先生方と出会い「未来につなぐ算数研究会」として一緒に研究していくことで，この問題は解決できました。研究過程は，まるで古文書を一緒に解読したり，古代遺跡を発掘したりするような楽しい時間となりました。さらに，解読したことや発見したことは，過去のものではなく未来の算数授業をよりよくするための道しるべになりました。

　本書は「未来につなぐ算数研究会」の有志で執筆したものです。日本各地の先生方がオンラインを含めて何度も集い，それぞれの先生が熟考してくださった題材を何度も議論することで，価値ある提案ができたと思います。読んでいただくと「なるほど！」「こう来たか！」と感じていただけるところが多くあることでしょう。現代の算数授業に緑表紙の精神を活かすことは有意義であることが実証されたといってよいと確信しています。ぜひ多くの先生方に活用していただければ幸いです。

　本書作成にあたり，光文書院の矢野太郎氏，呉千春氏，吉村藍氏，河内桃佳氏，中谷ちひろ氏には，大変お世話になりました。ここに深く御礼申し上げます。

　　　　　　　　　　　　　　　　　　　　未来につなぐ算数研究会
　　　　　　　　　　　　　　　　　　　　　会長　鈴木　純（学習院初等科）

参考文献

※本書における『尋常小学算術』の引用ページは割愛しています。
　また，本文中の引用文は，読みやすさを考慮し，旧仮名遣い・旧字体を現代仮名遣い・新字体にしています。

大下卓司（2018）『20世紀初頭のイギリスにおける数学教育改造運動』東洋館出版社

奥招（1984）「問題解決とわが国の算数教育（2）−問題解決と構想問題−」『筑波数学教育研究』第3号

奥招（1989）「昭和10年代の数学教育にみる数理観の転換に関する研究（I）」『三重大学教育学部研究紀要　教育科学』第40巻

奥招（1994）「昭和10年代にみる算数科の成立過程に関する研究」筑波大学博士（教育学）学位論文・平成6年11月30日授与（乙第1,022号）

片桐重男（2004）『新版数学的な考え方とその指導（第1巻）数学的な考え方の具体化と指導』明治図書出版

片桐重男（2012）『算数教育学概論』東洋館出版社

桜井恵子（2010）「大正新教育運動期における東京高等師範学校附属小学校」『数学教育論文発表会論文集』43巻2号

桜井恵子（2014）『近代日本算術教育史−子どもの「生活」と「主体性」をめぐって−』学術出版会

佐藤英二（2005）「戦前の小学校算術教科書の風景−子どもの再発見とその意味−」『明治大学教職課程年報』No.27

塩野直道（1934）「新算術書編纂の精神」『日本算術教育連盟研究報告書』第1号

塩野直道（1964）「文章題指導について」『日本数学教育会誌』46巻4号

塩野直道（1970）『数学教育論』新興出版社啓林館

塩野先生追想集刊行委員会（1982）『随流導流：塩野直道先生の業績と思い出』新興出版社啓林館

高木佐加枝（1973）『伝統と調和に基づく算数（算術）教育の史的研究』近代新書出版社

高木佐加枝（1980）『「小学算術」の研究』東洋館出版社

多田北烏（1935）『尋一算術書の絵を語る』モナス

田中義久（2013）「『数学 第一類』における実験式を活用した教材に関する事象の数学化の視点からの分析」『日本数学教育学会誌』95巻7号

田中義久（2016）「昭和10年代の理数科教科書における算数と理科に関連する教材内容の特徴とその教育的価値」『教科書フォーラム』中研紀要 No.17

中島健三（1979）「わが国における算数・数学教育の歴史と現状」赤摂也編『教育学講座11 算数・数学教育の理論と構造』学習研究社

蒔苗直道（2010）「水色表紙教科書における低学年の図形教材の特徴：『動的な図形観』を視点として」『数学教育論文発表会論文集』43巻1号

蒔苗直道（2013）「『初等科算数』における図形教材の再評価：『尋常小学算術』との比較を通して」『教材学研究』24巻

松宮哲夫（2007）『伝説の算数教科書〈緑表紙〉：塩野直道の考えたこと』岩波書店

文部科学省（2018）『小学校学習指導要領（平成29年告示）解説 算数編』日本文教出版

矢野恒太記念会（2020）『日本のすがた2020：表とグラフでみる社会科資料集』矢野恒太記念会

山本匡哉（2020）「〈研究論文〉塩野直道の数学教育論に関する一考察」『教育方法の探究』第23号

『新編塵劫記』3巻　国立国会図書館デジタルコレクション

『尋常小学算術書』文部省

『カズノホン』『初等科算数』ほるぷ出版，1982

『尋常小学算術』新興出版社啓林館，2007

■編著者

鈴木　純　　1973年東京都生まれ　学習院初等科教諭

日本数学教育学会実践研究推進部小学校部会幹事, 全国算数授業研究会常任幹事, 日本私立小学校連合会
算数研究部委員長, 東京私立初等学校協会算数研究部部長, 私学算数問題集編集長, 未来につなぐ
算数研究会会長, 教科書『みんなとまなぶ 小学校算数』（学校図書）編集委員

「日常事象をもとにした問題解決による算数科における深い学びの実現－尋常小学算術『かくれん
ぼの問題』を用いた実践－」『日本数学教育学会誌』100巻4号　日本数学教育学会, 2018

「合同な四角形」『算数授業研究121号論究ⅩⅣ』東洋館出版社, 2019

『算数の活用力を育てる授業』光文書院, 2007　『算数的活動29』光文書院, 2009

■著者一覧（未来につなぐ算数研究会）

吉田　映子
元・東京都杉並区立
高井戸第三小学校指導教諭
明星小学校・明星大学
学習院大学非常勤講師

熊田　美香

東京都日野市立
日野第六小学校教諭

桑原　麻里

宮崎県宮崎市立
江平小学校教諭

上月　千尋

東京都立川市立
第九小学校教諭

重松　優子

大分県別府市立
亀川小学校教諭
（作成時 別府市立南小学校）

篠田　啓子
熊本県熊本市立
山ノ内小学校
（作成時 熊本大学教育
　学部附属小学校）

神保　祐介

啓明学園
初等学校教諭

相墨　多計士

埼玉県戸田市立
芦原小学校教諭

高木　清

東京都中野区立
平和の森小学校教諭

竹上　晋平

東京都江戸川区立
小岩小学校教諭

福嶋　千歳

東京都杉並区立
永福小学校教諭

宮鍋　咲子

東京都中野区立
平和の森小学校教諭

宮原　奈央

東京都墨田区立
東吾嬬小学校教諭

森　寛暁

高知大学教育学部
附属小学校教諭

森安　美穂
東京都武蔵野市立
桜野小学校教諭
（作成時 目黒区立
　上目黒小学校）

伝説の算数教科書『尋常小学算術』で深い学びの授業づくり

2021年7月31日　第1版第1刷発行
編著者─────────鈴木　純
著者──────────未来につなぐ算数研究会
発行者─────────長谷川　知彦
発行所─────────株式会社光文書院　〒102-0076 東京都千代田区五番町14
　　　　　　　　　　　電話 03-3262-3271（代）　https://www.kobun.co.jp/
カバーイラスト─────柴田　亜樹子
デザイン・本文イラスト─株式会社アイマージ